JN241438

気になる子の保護者支援

揺れ動く思いに応じた保育者のかかわり

木曽陽子 著

中央法規

はじめに

　本書を手にとってくださった方の多くは、気になる子の保護者支援に悩んでいる保育者ではないでしょうか。

　私もそんな悩みを抱える保育者の一人でした。正確には、非正規保育者として、保育園で「気になる子」に出会い、その保護者にどうかかわればよいのか悩む保育者たちを近くで見て、一緒に悩んでいた一人です。そんな経験から、子どもにも保護者にも保育者にも、みんなにとってよい方法を探りたいと思い、研究を始めました。

　本書は、そんな私のこれまでの研究成果を「気になる子」の保護者支援に悩む保育者に役立てていただけたら……と願って書いたものです。そのため、主な読者としては、現在保育現場で働く保育者やこれから保育者として働こうと考えている保育学生などを想定しています。

　では、みなさんは保育者として、「気になる子の保護者」にどのようなイメージをおもちでしょうか？　保護者にどのようなことを期待したり、望んでいたりするでしょうか？

　同様の質問を保育者向けの研修などですると、さまざまな答えが返ってきます。ただ共通して「保護者には（できるだけ早く）子どもの特性や障害を理解し、受け入れて、子どものために強く生きてほしい」という願いが語られることがあります。そうした保育者の願いは自然なことだと思います。

　しかし、研究を進める中で、この保育者の願いが保育者と保護者の間のすれ違いや対立を生んでしまうことがわかりました。保育者の思いとは裏腹に、保護者はなかなか「子どもの特性や障害を理解し、受け入れて、子どものために強く生きる」姿にはならないように見えるのです。そして、そのような姿を保護者に求めるほどに、保育者と保護者は関係が悪くなってしまうようでした。

　なぜ保護者は、保育者の願いとは異なる姿を見せることがあるのでしょうか。「気になる子の保護者」の心情は非常に複雑なものであり、個々に違いもありますが、研究の中である一定の共通点がみえてきました。まずはその共通点を保育者

が知ることで、一人ひとりの保護者の思いを理解しやすくなり、またそれに合わせた支援がしやすくなるだろうと考え、本書ではこの共通点を中心にお伝えしたいと思います。保育者が保護者を理解することで、保育者にとっても保護者にとっても、さらには子どもたちにとってもよりよい日々につながることを願っています。

　本書では「気になる子」という言葉を使用しています。保育現場の中では比較的よく使われる言葉ではありますが、その定義はさまざまです。ここでは保育者から見て“発達障害の可能性がある”、“定型発達とは異なる発達のプロセスをたどっている”などと考えられる子どもを想定しています。

　保育者は医学的診断をする立場ではありませんが、日々の保育の中で、子どもの発達の違いに気がつきやすく、その違いによって生活上の困難が生じているときに、保育者の「気になる」状態が生まれます。ただし、生活上の困難は保育者のかかわりや環境との相互作用の中で生じるため、子どもの側の要因のみで「気になる」状態になるわけではありません。その点への注意は必要ですが、ひとまず本書では、保育者の気づきに基づく“発達障害の可能性がある子ども”、“定型発達とは異なる発達のプロセスをたどっている子ども”を「気になる子」と表記して、話を進めていきたいと思います。

　また、本書では保育所、幼稚園、認定こども園等の就学前の保育・幼児教育施設をまとめて「園」と表現しています。さらに、第2章では担任保育者と管理職の役割を分けて説明しています。実際には園ごとに状況が異なると思いますので、ぜひ本書をきっかけに、各園で実際の支援のあり方について話し合ってみてください。

　なお、本書のもとになっている研究は、書籍『発達障害の可能性がある子どもの保育者支援 保育士による気づきからの支援』（晃洋書房、2016）に掲載しています。もし研究内容に関心をもっていただけましたら、こちらもご一読ください。

木曽陽子 

CONTENTS

はじめに

第**1**章 …… 保護者支援で大切な視点

1 保護者を理解する

保護者の隣で 同じ景色を見ようとする

「伴走者」として 保護者とともに歩む

「気になる子の保護者」は、保育者が思い描くような道を進んでくれないかもしれません。時に立ち止まったり、座り込んだり、来た道を戻ったりすることもあるでしょう。

保育者は、そんな保護者の伴走者として、一緒に立ち止まったり、座り込んだり、来た道を戻る保護者を待ったりすることを意識しましょう。

もちろん、時に少し前を走ったり、励ましたりすることで、保護者に進む道を伝えていくこともできますが、それはあくまでも**保護者のペースに合わせてい**くことになります。保育者が先に進みすぎてしまうと、保護者は迷子になったり、進むことをあきらめてしまったりするかもしれません。保護者のペースは一人ひとり異なります。それぞれのペースを理解し、そのスピードに合わせて保護者とともに歩んでいきましょう。

 ワンポイントアドバイス

保護者のペースに合わせるために、保護者の理解を深めましょう！

「保護者の立場に立って考える」が鉄則

保育者、なかでもクラスの担任は、子どものことを一番に考えて、子どもにとってよりよい保育を行っています。そのため、保育者は常に「子どものため」を第一に考えて行動しているといえます。

それゆえに、**保護者が「子どものため」に適切と思えない言動をすることは理解しがたく、時に保護者を責めたくなってしまうことがある**でしょう。これでは保護者の伴走者ではなく、「指導者」や「対決者」になってしまい、保護者支援にはなりません。

そのようなときにこそ、「保護者の立場に立って考える」を意識してほしいと思います。**保育者の立場からすれば「子どものため」に反するように見える保護者の言動であっても、保護者の立場からすれば、そうした言動をする（もしくは、してしまう）理由や事情があります。**

保護者のすべてを理解することはできませんが、保護者とのかかわりに悩んだときにこそ、いったん保護者の立場に立って、そこから見える景色や湧いてくる感情などを想像してみましょう。そうすることで、保育者の立場から見ていた景色とは違う点に気づくことがあるはずです。本書では、この想像の助けになるように保護者の心情について解説していきます。

保護者はどんな気持ちなんだろう…

保護者にはいろいろな顔がある

保護者は「親」である前に一人の「人間」

保育者が保護者とかかわるときには、「その子どもの親」としてかかわることになります。しかし、**保護者は「親」としての側面だけではなく、複数の役割をもって生きています**。たとえば夫に対しては「妻」、職場の部下に対しては「上司」、自分の親に対しては「娘」、推しのアイドルに対しては「ファン」というように、保育者からみた「○○ちゃんのお母さん」にもいろいろな顔があります。これは、「保育者」という役割をもつ人にとっても同様です。

つまり、保育者が保護者と接するその瞬間は「親」であったとしても、保育者からは見えない保護者の生活があるのです。それは保育者が想像しようとしてもしきれない世界であり、すべてを理解することは不可能です。だからこそ、保育者が一方的に「親」としての役割を求めすぎてしまっていないか、立ち止まって考える必要があるのです。**保育者が理解できない部分や想像すら及ばない部分がある**という前提で、保護者を多面的に理解しようと心がけることが、保護者との関係を築くための一歩になります。

ワンポイントアドバイス

保護者の理解が難しいときこそ、保護者には保育者からは見えない顔や役割があることを思い出しましょう！

「気になる子の保護者」という顔はその人の人生や生活の一部

本書では、保護者の「気になる子の保護者」という側面に焦点をあてていますが、**その保護者の24時間365日の生活、さらには保護者自身がこれまで生きてきた何十年という人生を考えると、「気になる子の保護者」という側面は、その保護者の人生や生活のほんの一部**といえます。

保護者の生活や人生のすべてを理解することは不可能ですし、すべてを理解する必要はないでしょう。ただ、本書で説明する「気になる子の保護者」に関する内容は、そうした保護者の「一部」であることは忘れずに読んでいただきたいと思います。

また、保護者にとってのその「一部のこと」は、保護者のその他の生活と切り離すことはできません。そのため、実際には、保護者がどんな人生を歩んできたのか、どんな日々を過ごしているのか、どんな人とどんなかかわりをもっているのか、どんな社会環境の中で生活しているのか……といったさまざまなことと相互に関係し合いながら「気になる子の保護者」としての思いや行動が生じます。

保護者は支援対象でもある

障害のある子どもの保護者には、二つの側面があるといわれています。一つが専門職等とともに子どもを支援したりサポートしたりする「**共同療育者**」としての側面、もう一つが、子どもの障害等によって苦悩する「**当事者**」としての側面です。もちろん「障害」のある子ども自身が第一の当事者ですが、その保護者も子どもの「障害」によって苦悩し、保護者自身の生活に直接的に影響を受けます。その意味では保護者も「当事者」といえます。

「共同療育者」としての保護者とは

保護者の「共同療育者」としての側面は、保育者が「気になる子の保護者」に期待する「子どもの特性や障害を理解し、受け入れて、子どものために強く生きてほしい」という願いに近いものといえます。

これまで障害のある子どもの支援においては、子どもの一番近くにいる保護者が子どもを正しく理解し、適切な対応・支援を行うことがよいとされてきました。保育者としても、保護者が子どもの理解者となることが子どもの育ちによい影響を与えると実感していることでしょう。また、保護者と保育者が同じ認識で、同じ方向を向くことで子どもが育ちやすくなることや、保護者が協力的だと、さまざまな専門的支援が受けやすくなることも保育者は知っています。

こうしたことから、保育者は保護者に対して「共同療育者」としての役割を強く期待してしまうことが多いです。しかし、この側面が強調されるがゆえに、もう一つの側面である「当事者」への支援がおろそかになってしまうことがあります。

保護者の「当事者」としての側面に目を向ける

保護者は子どもに「障害」があることによって、不安や心配を抱き、さまざまな悩みや葛藤をもちます。「障害」に対する拒否感や、現実的な日々の生活における困りごと、将来を考えたときの漠然とした不安もあるでしょう。育てにくさのある子どもの場合には、保護者が子育てに自信を失ってしまい、保護者自身の精神的健康を損なう場合もあります。

保護者自身が抱えるこうしたさまざまな感情や実際的な生活の困難さは、保護者一人で抱えるには重すぎます。しかし、現在の日本においてはまだまだこの点への支援が十分とはいえません。そのため、本書ではこの保護者の「当事者」としての側面に目を向けていきたいと思います。

ただし、これは、気になる子の保護者が「かわいそう」な存在であるということや「助けてあげないといけない」存在であるということではありません。先に述べたように、保護者も一人の人間として、子どもの「障害」や「気になる」状態に悩んだり苦しんだり迷ったり、うまく子どもと向き合えないときがありますが、それは保護者の一部のことでもあります。保護者が多面的な存在であり、ストレングス*をもっていることも心にとめて支援を考えていきたいと思います。

＊ストレングス：その人自身や、その人を取り巻く環境がもつ強みや長所のこと。誰かと比較してではなく、その人自身ができることやできていること（例：園への送迎ができる、仕事をしている）、その人がもっている環境や人間関係（例：近所に兄夫婦が住んでいる、職場の同僚と関係が良い、自由に使える車がある）などもストレングスになる。

保護者のペースに合わせる

保護者が気づき、動き出すプロセスを知る

気になる子の保護者は、入園前には子どもの発達障害には気づいておらず、入園してからなんらかの形で診断を受けたり、その特性があると認識するようになることが多いです。近年は0〜2歳で保育園等に入園する子どもも増加しており、そうしたケースがさらに増えています。

そのため、保護者が子どもの障害や「気になる」状態に気がついていくプロセスを知ることで、保育者が保護者のペースに合わせて伴走しやすくなります。保護者を意図せず傷つけてしまったり、それによって保育者自身も傷ついたりすることを減らすことにもなるでしょう。

ペースは人によって異なりますが、保護者がたどるプロセスには一定の法則性や共通点があります。詳しくは第2章で一つずつ解説しますが、ここでは大まかなプロセスについて見ておきましょう。

筆者が「気になる子の母親」に対して行ったインタビューをもとに分析したところ、保護者が子どもの特別なニーズに気づき、子どものために動き出す4段階のプロセスが見えてきました。❶保護者の違和感が曖昧な時期、❷保護者の曖昧な違和感が徐々に明確になる時期、❸保護者の限界感が高まる時期、❹保護者が「子どものため」に最大限行動する時期です。このプロセスは、保育者から見ると❶保育者は子どもの様子が気になっているが、保護者は気にしていない時期（PROCESS 1）、❷保護者に子どもの様子を聞かれるようになる時期（PROCESS 2）、❸保護者の葛藤を目の当たりにする時期（PROCESS 3）、❹保護者から子どもに対する支援を求められる時期（PROCESS 4）といえます。

保護者は行きつ戻りつ進んでいく

このプロセスは、左から右に一方通行で進んでいくものではなく、行ったり戻ったりしながららせん状に進んでいくものです。**PROCESS 4** がゴールであるわけでも、そこに早く到達できることがよいわけでもありません。ただ、保育者がこのプロセスの全体像を知ることで、**保護者の揺れ動きを理解しつつ、先の見通しをもちながら保護者のペースに合わせた支援が行いやすくなります。**

このプロセスに影響を与えているのは、保護者の周囲にいるさまざまな人々です。保育者はもちろん、保健師・医師などの専門職、家族や親戚、子どもを通して付き合いのあるママ友や、保護者自身の昔からの友人・職場の同僚などがその人々に含まれます。こうした周囲の人の反応や子どもの姿に影響されながら、保護者は迷ったり葛藤したり揺さぶられたりして、行きつ戻りつ進んでいきます。

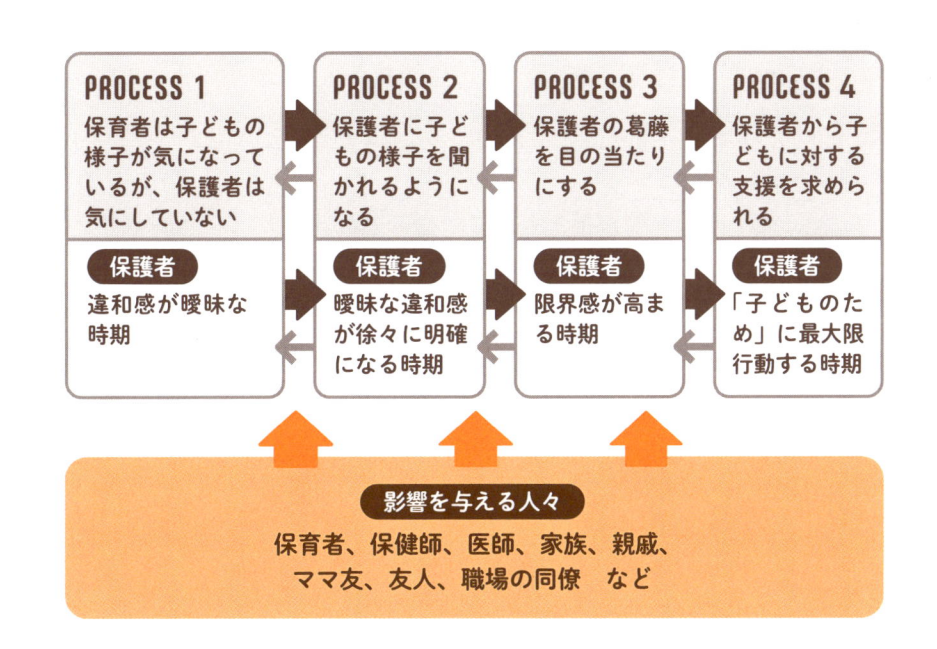

PROCESS 1
保育者は子どもの様子が気になっているが、保護者は気にしていない

保護者
違和感が曖昧な時期

PROCESS 2
保護者に子どもの様子を聞かれるようになる

保護者
曖昧な違和感が徐々に明確になる時期

PROCESS 3
保護者の葛藤を目の当たりにする

保護者
限界感が高まる時期

PROCESS 4
保護者から子どもに対する支援を求められる

保護者
「子どものため」に最大限行動する時期

影響を与える人々
保育者、保健師、医師、家族、親戚、ママ友、友人、職場の同僚　など

子どもへの支援は 保護者の気づきを待たずに行う

保護者と保育者の 気づきのタイミング は異なる

保護者は徐々に子どもの特別なニーズに気づいていきますが、多くの場合、**気づきの時期が保育者とずれています**。特に、最近では保育者がかなり早い段階で気づくようになっており、保育者と同じタイミングで保護者が気づくというのはかなり難しいです。

しかし、保護者が子どもの特別なニーズに気づいているかどうかにかかわらず、基本的には子どもは毎日園に通ってきてくれます。これは、子どもに障害があることなどを前提に利用する療育機関とは異なる、園の大きな強みです。また、園は障害を診断する場ではなく、一人ひとりの子どもに合わせた保育を行う場です。

そのため、園では**保育者が子どもの「気になる」点に気づいた時点で、子どもに対してより適切な支援を、できることから行っていきましょう。園だからこそ子どもにできることはたくさんあるのです。**

 ワンポイントアドバイス

保育者が子どもの特別なニーズに気づいた時点で、子どもに対して園でできることから支援を始めましょう！

できることから「子どものため」の支援を行う

保護者が子どもの特別なニーズに気づいても、障害かどうかはっきりしていなければ、どう支援してよいかわからないと思われるかもしれません。しかし、同じ障害名の診断をもつ子どもでも、結局は一人ひとり異なります。そのため、障害かどうかの前に、その子がどのようなことが好きでどのようなことが苦手か、保育者が「気になる」と思った行動にはどのような背景があるのかを読みとくことで、園の中でもできることがたくさんあります。

もちろん、その読みときが難しいことは多く、だからこそ保育者が「気になる子」であるといえます。まずは、園の中の複数の職員間で、その子の姿を多面的に見てみましょう。どのようなときにどのような姿であったか、どのようなことが好きそうか、どのようなことで子どもが困っているか……。さまざまな視点から子どもを見ることで、子どもを理解するヒントが得られるでしょう。

また、保護者の許可等を必要としない形で、巡回相談が利用できる場合もあります。巡回相談では、園に心理職などの専門職が訪問し、園での子どもの様子をみて、ともに子どもの理解を深め、支援を考えます。こうした制度を利用し、園の中で子どもへの適切な支援を考えていくのもよいでしょう。保護者と協働することが難しいときこそ、園の中でできる子ども支援から行っていきましょう。

保護者への支援は組織的に行う

促す役割と支える役割を分ける

　気になる子の保護者支援には、**子どもの状況について保護者に気づきをもたせ、親としての行動を「促す役割」**と、**保護者の気づきにくさや悩み、葛藤などを理解し、揺らぐ保護者を「支える役割」**の二つがあります。

　子どもと日々接している担任などの保育者は、「子どものため」という思いが強くなるため、保護者に「親」の役割を果たしてもらいたいと思いがちです。そうなると保護者の状況や背景を冷静に判断することができずに、保護者のペースに合わない形で親としての気づきや行動を促そうとしてしまうことがあります。これでは保育者と保護者が対立関係に陥り、修復が難しくなってしまう可能性があります。

　そこで、園組織の中で「促す役割」と「支える役割」を分けてみましょう。**基本的には、「促す役割」は園長や主任（主幹）などの管理職が、「支える役割」は担任などの保護者に最も身近な保育者が担う**のが適切だと考えています。第2章でもこの役割を前提に解説しています。

　ただ、実際には園の状況によって、その役割を担うのに適切な役職は異なるでしょう。いずれにしても、誰がどのような役割を担うのか園の中で協議し、個人ではなく組織として対応することが望まれます。

 ワンポイントアドバイス

保護者支援は保育者一人で抱え込まずに、組織として対応を考えましょう！

園では保護者の ペースに合わせて 「促す」

園外の専門機関も「促す役割」を担いますが、園と園外の専門機関では支援の方法に違いがあります。

園は「促す役割」の中でも保護者のペースに合わせて支援をし、園外の専門機関は、状況によってはあえて保護者のペースに合わせず、強く背中を押したり、前から引っ張ったりするような支援を行うことが必要です。

たとえば、医師には子どもの障害を適切に診断し、保護者に気づきをもたせ、親としての行動を促す役割があります。そこでは少し強引に（たとえ保護者がショックを受けたとしても）、告知をする場合もあります。もちろん伝え方などに配慮は必要ですが、医師はその後も保護者と会える確証はないため、伝えるべきことはそのときに伝えることが求められます。

しかし、園は基本的には毎日親子が通ってくる場です。親の状況を無視して子どもの状況を強引に伝えることで、親子が園に通いたくなくなってしまったり、園の職員と話すことも嫌になってしまったりする可能性があります。園が子どもの育ちを保護者とととともに支えるために、最も避けるべきは親子が園にきてくれなくなることでしょう。

また、園は日々の保護者の様子を捉えることができるため、保護者の状況に合わせて話をするタイミングをはかることができます。その意味でも、園では保護者のペースに合わせて促すことが重要といえます。

保護者の生活状況に応じて支援する

家庭の生活状況にも注意を払う

　先に述べたように、保護者は「気になる子の保護者」という側面だけでなく、一人の人間として複数の側面をもっています。たとえば、2人目を妊娠中で体調が安定しない、親の介護を抱えている、DVを受けている、失業して経済的に不安定になっている、うつ病になって起き上がるのもつらい……など、さまざまな状況におかれている可能性があります。こうした側面を保育者に見せていたり、相談したりしている場合もあれば、必死に見せないようにしながら、なんとか生活していることもあるでしょう。

　上の例に挙げたように、**日々の生活そのものが苦しく、自分のことすら落ち着いて考えることができない状況であった場合には、保護者が子どもの発達に注目することは難しい**といえます。その場合には、明日の生活を見通せるようになること、安心して日々を過ごせるようになることなど、生活の再建や保護者自身の安全安心を優先して支援する必要があります。これは園のみでは難しい場合もあるため、関係機関と連携・協働して支援を行っていきましょう。

 ワンポイントアドバイス

子どもの発達以外の家族や保護者自身の生活状況にも注意を払い、状況によっては生活の安定を優先して支援をしましょう！

外国にルーツがある子どもの保護者には、文化の違いも考慮する

最近では、外国にルーツのある子どもの入園が全国的に増えてきています。外国にルーツのある子どもの場合、2か国語以上の言語環境におかれることで、言語コミュニケーションの発達の難しさを抱えることもあり、保育者が「気になる」ことも多いでしょう。

保護者支援においては、言語の違いによる保護者とのコミュニケーションや意思疎通の難しさもありますが、同時に文化の違いによる子どもの捉え方の違いが保育者と保護者のすれ違いを生むことがあります。たとえば、同じ子どもの行動であっても、「走り回ってじっとしていられない」と捉えるのか、「活発で元気で明るい」と捉えるのかは、社会環境や文化によっても異なります。

ここでも重要になるのは、「保護者の立場に立って考える」という鉄則です。単に保護者が「気づいてくれない」「理解してくれない」と考えるのではなく、**保護者のもつ文化も含めた背景に沿って、保護者の思いを理解する**ように心がけましょう。

この子、元気がいいでしょ？

そういう捉え方もできるな……

家族間での認識のずれに注意する

家族も一人ひとり気づきや捉え方はさまざま

保護者が気づき、行動していくプロセスは、保護者を取り巻く他者の影響を受けています。なかでも一番近くにいる家族（夫や妻、自分の親や義理の親）などによる影響は大きいといえます。

家族のメンバーも、一人ひとりにそれぞれの気づきのプロセスがあります。**家族だからといって同じペースで進むわけではありません**。よくあるのは、子どもと接する機会の多い親が先に気がつきはじめ、少ない親がなかなか気がつかないというように、夫婦の間で気づきにずれが生じる状態です。

また、祖父母と父母の世代間で気づきや認識にずれが見られることもあります。祖父母世代では「障害」と認識されていなかったものが、現在では「発達障害」と診断されるものとなりました。そのため、祖父母に子どもの発達について相談しても「考えすぎ」「子どもはそんなもの」「息子も言葉が出るのが遅かったが、今は何も問題がないのだから男の子はそんなもの」などと取り合ってもらえないことがあります。反対に、毎日見ている親だからこそ「そんなもの」と見過ごしてしまい、たまに会う祖父母のほうが客観的にほかの子どもとの違いに気づくというケースもあります。

家族間のこうしたずれは、家族メンバー間の不和を生んでしまうこともあります。例えば、母親が気づきを深め、専門機関に相談に行こうとしているのに対して、父親が反対することで、夫婦間の不和につながってしまうという状態がみられます。

家族間での気づきのずれを埋めるようなかかわりをする

家族間のずれが生じているときに、**気づきが深まっている保護者のみと保育者が話をしてしまうと、結果的に家族間のずれが大きくなり、その保護者が家族の中で孤立してしまうことがあります。**そのため、家族間の気づきのずれも意識的に確認しておきましょう。

特に、日本ではまだまだ母親が子育ての役割を中心的に担うものという認識が強く、保育者も無意識のうちに、「母親」だけに「共同療育者」としての役割を期待していることがあります。そうした無意識の期待が言動に出てしまっていないか、時折振り返って確認するようにしましょう。

たとえば、保育者が子どもに関する話をするときには両親同席の場を設定したり、父親がお迎えに来たときに子どもの様子を具体的に伝えたり、父親自身の考えを聞いたりするなど、普段できていないことがあれば、保護者の様子を見ながら意識的に行ってみましょう。

ただし、「母親」にも「父親」にも、先に述べた「共同療育者」と「当事者」の両方の側面があり、**母親には母親の、父親には父親の気づきのペースがあります。どちらかのペースに無理やり合わせようとしていないか**にも注意が必要です。

今日のりょうくんは…

3 保護者が安心できる保育者のかかわり

　第2章では、保護者が気づき、動き出すプロセスに沿った保育者の支援のあり方を考えていきます。しかし、プロセスのどの段階においても重要な保育者のかかわりが二つあります。この二つを実践することで、保護者の心理的安定をはかることができ、保育者と保護者間の信頼関係の構築にもつながります。保護者のペースに合わせたかかわりが難しい場合には、少なくともこの二つを意識してほしいと思いますので、第2章に行く前に本節で紹介しておきます。

子どもと保護者のどちらも、ありのままを受け止めようとする

　一つは、保育者が子どもと保護者に対して受容的であることです。ここでのポイントは、**子どもだけではなく、保護者に対しても受容的である**ことです。

子どもの　ありのままを認め、受け止める

　子どもに対して受容的であるということは、子どものありのままを認め、その子自身を大事に思っている姿を見せるということです。保育者がわが子のことを大事にしてくれることは、それ自体が保護者の支えになります。

　しかし、保育者も人間ですので、子どもとのかかわりがうまくいかないと、その子のありのままを認めることが難しくなります。その場合は、**子どもと仲良くなることや、子どものよいところや素敵なところを見つけることから始めましょう。**保護者支援の前にやるべきことは、保育者がその子どものありのままを愛おしく思えるようになることです。

保護者に対しても、ありのままを受け止めることから関係を築いていく

保護者に対しても同様です。保護者も人間ですので、自分のことを苦手と思っている相手に対してよい印象は抱きませんし、よい関係を築きたいとは思えないでしょう。**保育者の側が、「この保護者は苦手……」と思ったり、「この保護者はこんなこともしてくれない」など否定的に思っていたりすると、保護者にもそれが伝わり、保護者も保育者に対して苦手意識を抱いてしまいます。**

これまで述べてきたように、保護者も一人の人間であり、多様な側面をもっています。保護者の多様な側面から、よいところや素敵なところを見つけ、その保護者のよさに目を向けてみましょう。

ただ、これは子どもに対する以上に難しい場合があります。どうしても保育者がうまくかかわれない保護者がいる場合には、自分だけで対応しようとせずに、ほかの保育者に相談し、組織としての対応も考えましょう。

すごい！

子どものニーズに合わせた配慮を行う

　二つ目は、子どものニーズに合わせた配慮を行うことです。保護者の気づきのプロセスのどの段階であっても、子どものことをよく理解し、子どものそのときのニーズに合わせた配慮をしてくれる保育者に対して、保護者は安心感と信頼を抱きます。ここでのポイントは、**「子どものニーズ」に合わせた配慮であって、子どもの「障害」や「保育者の困り」に合わせた配慮ではない**ということです。

真に子どものニーズに合った配慮になっているかを意識する

　多くの保育者は、保護者がわが子の特別なニーズに気づいていない場合、わが子がほかの子と違う「特別扱い」をされることに否定的であると捉えていると思います。たしかに、「ほかの子とわが子で保育者の対応が異なる」ことに保護者が傷つくことはあります。ただ、それは多くの場合**「わが子のためになる配慮とは思えなかった」ことが影響**しています。

　例えば、お迎えの際に、"ほかの子どもたちが一つの場所に集まって絵本の読み聞かせを聞いているときに、わが子だけ別のコーナーで一人で遊んでいた"という場面を目撃したら、保護者は「なぜわが子だけ別のところで遊んでいるのだろう……」と疑問をもつでしょう。そのときに、それがどういう意図や状況の中で生じたか、保育者は説明できるでしょうか？

　ある保護者は「担任の先生が手を焼いているからこうしているのだろうと思っていた」と語っていました。つまり、わが子のためではなく、"保育者が困るか

らみんなの中から排除された"と捉えていたのです。これでは、保護者は保育者を信頼することができません。

　一方、同じ状態であっても、保育者が「Ａくんは夕方になると、ほかの子と身体が触れ合ったり、声が近くで聞こえたりすることで、心がざわざわしてしまうみたいです。ですので、今日の夕方はＡくんの気持ちが少し落ち着くようにこちらのコーナーで遊んでみました。お迎えに来られるまで機嫌よく遊んでいましたよ」と説明するとどうでしょうか。「そうか、この配慮はわが子が過ごしやすくなるための対応なのか」とある程度納得できるのではないでしょうか。少なくとも、保育者の困りによる対応ではないことが伝わりますね。

　つまり、「特別扱い」自体が悪いのではなく、==その配慮がその子自身のためのものであり、保育者から保護者に意図を説明できるものであることが大切です。==必ずしも保護者に意図を説明する必要はありませんが、保護者に胸を張って説明できる支援になっているかは、常に意識しておきましょう。なぜなら、先に挙げた支援例は確かに「排除」と紙一重でもあるからです。本当にその子のニーズに合った配慮になっているかどうかは、保育者自身で振り返ったり、園全体で見直したりするようにしましょう。

その先の育ちも見通して子どもへの支援を行う

　一方で、保護者は、わが子がほかの子と同じように過ごすことを願っているのも確かです。そのため、ほかの子から離れた場所で、わが子だけ個別に対応されていると不安も生じます。

　そこで、「日中は、Ａくんもみんなと一緒に絵本を見ています。ただ、少し気持ちがざわつくときがあるようで、そのときは保育者の膝の上に座って見ています。夕方の時間も保育者の膝の上で一緒に絵本を楽しめる時間を増やしていこうと考えています」というような**支援の見通しまで説明できる**とよいでしょう。現時点での子どものありのままの姿を認めることと合わせて、子どもがさらに育とうと

しているところを支えていくことが大切です。

　こうした説明ができるようになるためには、保育者が子どものニーズを適切に捉える必要があり、捉えたニーズに応じて支援する力も必要です。保護者支援は子どもの支援から始まるといっても過言ではありません。保護者支援が難しいと思うときほど、まずは**子どもへの適切な支援の検討を十分に行いましょう**。

コラム　子どもへの支援の考え方

●インクルーシブ保育で考える

　これまで園の中で障害のある子どもを保育する場合には、「統合保育」という考え方で保育が行われてきました。これは時に、障害のない子どもを前提とした保育の中に、少数の障害のある子どもを適応させることを意図して、障害のある子どもに個別の配慮を行う形で行われてきました。

　しかし、現在は「インクルーシブ保育」という考え方が主流になってきました。これは、形の上では障害のある子どもと障害のない子どもが同じ場で保育を受けるということで、これまでの「統合保育」と変わらないように見えます。しかし、その考え方は大きく異なっています。

　インクルーシブ保育においては、そもそも障害があるかないかではなく、そこにいる子どもたち全員が異なる存在であり、一人ひとりが多様であることを前提としています。そして、障害のある子ども個人に対してのみ支援するのではなく、多様な子どもが誰一人排除されずに、全員が包み込まれるよう、保育のあり方そのものを創っていくプロセスがインクルーシブ保育であると考えられています。

●ユニバーサルデザインと合理的配慮を組みあわせる

　実際の保育においては、ユニバーサルデザインと合理的配慮を組み合わせて考えるとよいでしょう。ユニバーサルデザインとは、障害のある子どもなど特定の困難さをもつ子どもも含めて、誰にとってもわかりやすく使いやすいデザインのことです。

　例えば、保育の中では視覚支援がその一つとして使われています。具体的には、並ぶところに足形を貼っておくことで、並ぶ場所が誰にでもわかりやすくなったり、ロッカーに自分のマークが貼ってあることで、自分の荷物がどこにあるのか、どこに片づければよいのかが誰にとってもわかりやすくなったりします。保育の物的環境や人的環境を考えるときに、このような「誰にとってもわかりやすいユニバーサルデザイン」を意識することで、「気になる子」の気になる行動が減ったり、個別の支援が少なくて済んだりすることがあります。

　それだけでは、すべての子どものニーズを満たしきれないこともあります。そこで、その子に合わせた「合理的配慮」も同時に検討します。合理的配慮とは、保育者に過重な負担にならない範囲で、その子が過ごしやすくなったり、

活動に参加しやすくなったりするような調整を行うことです。例えば、ロッカーにマークを貼るだけでは、その場所に気がつきにくい子どもがいるとします。その場合には、保育者がその子に個別に声をかけ、マークを指差しながら「Aちゃんのロッカーはここだよ」と伝えることで、気づきを促すことができます。

　ユニバーサルデザインを行わないまま、こうした個別の支援のみで対応しようとすると、保育者の負担はどんどん増えてしまいます。そして、保育者は「加配保育者がいないとこの子の保育はできない」と感じ、「加配保育者をつけるために、保護者に早く子どもの特別なニーズに気づいてもらわなければ……」と焦ってしまいます。これは、保育者の困りからくる保護者へのアプローチであり、保護者への適切な支援にはなりません。保育者の負担が大きいと感じたときにこそ、環境自体をユニバーサルデザインに変更できないか考えてみましょう。

　なお、ここでの環境には、例に挙げたような物的環境以外にも、保育の流れや方法、内容などが含まれます。場合によっては、これまで当たり前に行ってきた保育のあり方そのものを見直すことで、子どもの気になる行動がぐんと減り、「合理的配慮」が必要なくなったり、少なくなることがあります。

　「気になる子」に出会ったときこそ、保育を見直すチャンスです。必要に応じて、「ユニバーサルデザイン」と「合理的配慮」を組み合わせて、子どもたち一人ひとりが今を最もよく生き、望ましい未来をつくり出す力の基礎を培えるよう、誰もが包み込まれるような保育を考え続けていきましょう。

本章では、保育者から見た、保護者が子どもの特別なニーズに気づいて子どものために動き出す4段階のプロセスに沿って、プロセスごとの保育者のかかわり方について解説します。

PROCESS 1
保育者は子どもの様子が気になっているが、保護者は気にしていない

PROCESS 2
保護者に子どもの様子を聞かれるようになる

PROCESS 3
保護者の葛藤を目の当たりにする

PROCESS 4
保護者から子どもに対する支援を求められる

各プロセスでよく見られる保護者の姿を挙げています。

PROCESS 1
保育者は子どもの様子が気になっているが、保護者は気にしていない

よく見られる保護者の姿
- 子どもの発達について気にかけている様子が見られない
- 保育者が子どもの発達に関する話をしようとすると避ける
- 周囲から子どもの発達に関して話をされると怒り出す

1 りょうくん、みんなと一緒に遊ぶ姿があまり見られないし、言葉もなかなか出てこないな…

2 りょうくん、園であまりおしゃべりしてくれなくて…

3 家では一人でいろいろしゃべっています！

4 お母さんに、りょうくんの発達の気がかりなところに気づいてほしかったのに…

028

各プロセスでよくある保育者と保護者のやりとりをマンガにしています。

各プロセスのはじめに、プロセスの概要をまとめています。

各プロセスにおける保護者の気持ちや状況を解説しています。保護者の立場になって考えるヒントにしてください。

保護者の違和感が曖昧な時期

PROCESS 1は、保護者が子どもの様子をどのように捉えているかがわかりにくい時期です。それは、保護者が子どもの姿からなんらかの行動を起こしているようには見えないからです。実際には、保護者も子どもの発達に関して違和感をもっていることが多いのですが、この時期にはそれらの違和感がかなり曖昧なものであるため、簡単にかき消すことができ、保護者が行動を起こすまでには至らないことがあります。

この時期に、保育者などが子どもの発達に関して何らかの指摘をすると、保護者はその話題を避けたり、拒否したりすることがあります。そのため、無理に気づいてもらおうとするよりも、保護者の違和感をかき消す気持ちを理解し、PROCESS 2になるまで意図的に待つことが保育者には求められます。

支援のポイント

- 園でできることから、子どものニーズに合わせた直接支援を行う
- 保護者の気づきや行動を促すかかわりはせずに、意図的に待つ
- 日ごろから保護者に受容的にかかわり、信頼関係を構築する

PROCESS 1

保育者は子どもの様子が気になっているが、保護者は気にしていない

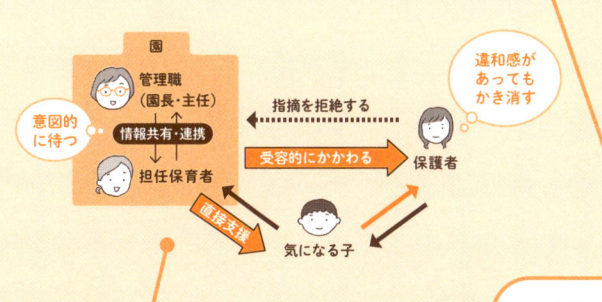

各プロセスにおける保育者・子ども・保護者の関係性や、やりとり、支援などを図解しています。

保護者への支援のポイントをまとめています。

以降のページでは、「保護者の気持ち」「担任保育者のかかわり」「管理職のかかわり」についてさらに詳しく解説します。

保護者の気持ち

保育者からみた保護者の言動の背景に、保護者のどのような気持ちが潜んでいるのか解説します。ここでの保護者の顔イラストは、はじめのページに出てきた「よく見られる保護者の姿」の顔イラストと違う場合もあります。保育者が見ている保護者の顔と、保護者の内面の顔は違うこともあるということに注目してみてください。

違うことも！

担任保育者のかかわり
管理職のかかわり

担任保育者と管理職それぞれの役割について解説しています。役割分担や連携を意識して読み進めていきましょう。

? こんなときどうする？

最後には、よくある保育者の悩みについてQ＆A形式でお答えしています。

担任保育者のかかわりや管理職のかかわりを実践してみてもうまくいかないときは、こちらも参考にしてみてください。

PROCESS 1

保育者は子どもの様子が
気になっているが、
保護者は気にしていない

保護者の違和感が曖昧な時期

PROCESS 1は、保護者が子どもの様子をどのように捉えているかがわかりにくい時期です。それは、保護者が子どもの姿からなんらかの行動を起こしているようには見えないからです。実際には、保護者も子どもの発達に関して違和感をもっていることが多いのですが、この時期にはそれらの違和感がかなり曖昧なものであるため、簡単にかき消すことができ、保護者が行動を起こすまでには至らないことがあります。

この時期に、保育者などが子どもの発達に関して何らかの指摘をすると、保護者はその話題を避けたり、拒否したりすることがあります。そのため、無理に気づいてもらおうとするよりも、保護者の違和感をかき消す気持ちを理解し、PROCESS 2になるまで意図的に待つことが保育者には求められます。

支援のポイント

- 園でできることから、子どものニーズに合わせた直接支援を行う
- 保護者の気づきや行動を促すかかわりはせずに、意図的に待つ
- 日ごろから保護者に受容的にかかわり、信頼関係を構築する

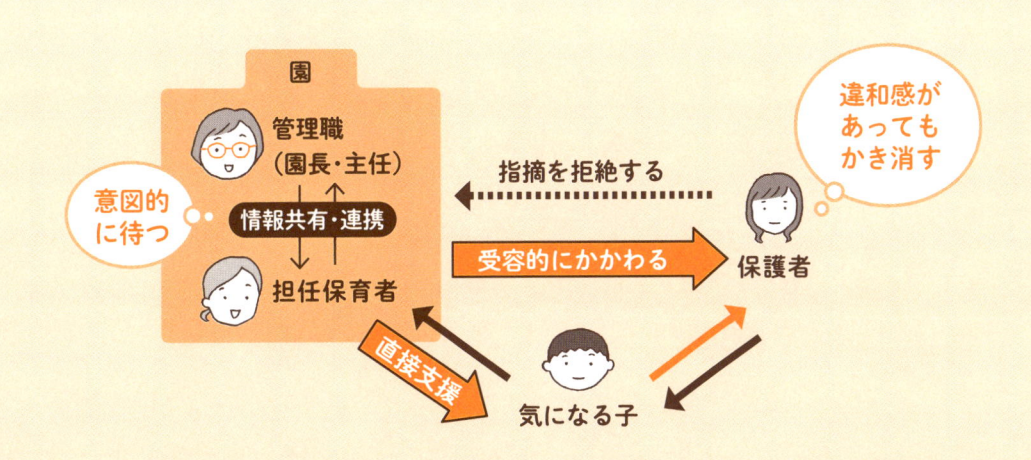

園

管理職（園長・主任）

情報共有・連携

担任保育者

意図的に待つ

指摘を拒絶する

受容的にかかわる

保護者

違和感があってもかき消す

直接支援

気になる子

1 　保護者に子どもの課題を伝えるべき？

保護者の気持ち①

曖昧な違和感は もっていても、 理由をつけて かき消す

日々の中で、保護者にも「あれ？」とわが子の様子に違和感を抱く瞬間はあります。例えば、"買い物に連れていくと勝手に走って行ってしまう……。でも、子どもってこんなものだよね"というようなことが保護者の中で起こっています。

子どもの育ちは一人ひとり異なるため、小さなことでも心配のタネになります。しかし、それに反応しすぎると保護者の心がもちません。そのため、心配なことがあっても「夫もそうだったから」「3月生まれだから」「男の子だから」「妹だから」など、自然にいろいろな理由をつけて、「これは"普通"だ」と捉え、違和感をかき消していきます。

また、発達障害の可能性がある子どもの場合には、発達の過程が平均的・一般的なものとは異なることがあり、「ほかの子より早く文字が書けるようになった」など、ほかの子どもよりもよくできる姿が見られることがあります。また、家庭の中で1対1でのかかわりや、変化の少ない環境においては、育てにくさを感じることがなく、むしろ一人遊びが上手で手がかからないこともあります。こうした子どもの姿もまた、保護者の曖昧な違和感をかき消していきます。

何より保護者は、わが子に対する違和感を「障害」と結びつけて考えることが難しいです。それは「障害」に関して知っているかどうかという知識の問題だけではありません。親の育て方によって子どもが変わるという考えが根強いこともあり、**保護者自身にも、子どもの課題は、「親の育て方のせい」や「親の問題」として捉えられやすいのです。**

保護者の気持ち②
周囲の人から子どもの発達の課題を指摘されると拒絶する

このような保護者の心理から、この時期には**周囲が保護者に気がついてほしいと思って子どもの発達に関する話をしても、保護者にとっては、子どもの発達への心配ではなく、自身の子育てへの評価として受け取られてしまうことが多いです。**

特に、保育者は子どもの発達に関する気がかりについて、明確に説明するよりは、オブラートに包んで話すことが多いです。それは、保育者が障害等を診断する専門職ではないということと、保護者をできるだけ傷つけたくないという保育者の思いからくるものでしょう。しかし、保護者からすると、そうしたオブラートに包まれた指摘では余計に保育者の意図がわかりにくく、保育者から自分の子育てを否定・批判されていると感じ、拒否反応を示してしまいます。

PROCESS
1

保育者は子どもの様子が気になっているが、保護者は気にしていない

あまりおしゃべりしてくれなくて……

家でYouTubeばかり見せているせいだと思われているのかな……見たいって大泣きするから仕方ないじゃない！

まずはじっくり信頼関係を築こう

保護者側の気づきが見られないときは焦らず「待つ」

この時期は、保育者側が子どもの発達の課題に気づいていたとしても、とにかく焦らず「待つ」ことが重要です。なぜなら、無理に保護者に気づかせようとしても、多くの場合保護者が拒否反応を示し、保育者と一言も口をきいてくれないような状態になりかねないからです。この時期に保護者と保育者の関係が悪化してしまうのは、子ども・保護者・保育者の誰にとってもよいものとはいえません。

次のPROCESS 2の段階で保育者が適切に対応すれば、保護者は抵抗や拒否をすることなく、子どもへの支援を受け入れてくれることが多いです。PROCESS 1の時期に強引に保護者の気づきを促そうとすれば、むしろ保護者の拒否感を強固にしてしまい、結果的に子どもの理解や子どもへの支援が遅れてしまう可能性があります。とにかくPROCESS 1は焦らずに、PROCESS 2を意図的に待ちましょう。

もし保育者が「早く保護者に気づいてもらいたい」と思っているのであれば、なぜそのように思うのかを考えてみましょう。そこには、"その子とどうかかわればよいのかわからない"という、保育者自身の困りが隠れていることがあります。こうした保育者の困りは、保護者に解決を求めるのではなく、園の中で解決できるように検討していきましょう。また、"保護者が早く理解することで子どもにとってよい方向に進む"と思っている場合には、だからこそ保護者自身が理解しやすいタイミングを図ることが重要です。ここでは保育者自身の焦りに気づいて、一呼吸おきましょう。

ワンポイントアドバイス

保護者の違和感をかき消す心理を理解して、焦らずにPROCESS 2まで待ちましょう！

日ごろから挨拶や雑談、
子どものかわいい姿を共有し、関係構築を目指す

　ただ、何もせずに「待つ」というのは難しいものだと思います。この先の支援を考えると、この時点で保護者と信頼関係を構築しておくことが望まれます。

　ここでは、子どもの発達の課題に気づいてもらうことを目的とはせずに、**子どもについてフランクに語り合えて、ちょっとしたことでも「この保育者に話してみよう」と保護者に思ってもらえるような関係づくりを目指しましょう。**

　どうすれば信頼関係が構築できるかというのは、一人ひとりの保護者によっても異なり、難しいところです。一般的には、何も話さない人よりはよく話をする人、自分に適度に関心を向けてくれている人のほうが信頼しやすいといえます。そのため、送迎時などには積極的に挨拶をしたり、保護者を労う言葉をかけたりすることを心がけましょう。また、「できた」「できない」の話題よりも、その日子どもが見せた表情や仕草、保育者がかわいいと感じた子どものエピソードなどを中心に、園での子どもの様子をこまめに伝えていくとよいでしょう。可能な場合には、天気の話をしてみたり、保護者の仕事や好きなものなどについて聞いてみたり、何気ない雑談もしていきましょう。保護者が心地よいと感じる心理的距離を保つ必要はありますが、保護者についての話もできるようになると、保護者の「親」以外の側面を理解することにもつながります。

PROCESS 1

保育者は子どもの様子が気になっているが、保護者は気にしていない

今日はブロックをたくさん積み上げていましたよ

そうなんですね

子どもの支援は優先して始める

子どもの「障害」の有無ではなく、行動の背景を理解する

子どもへの支援は保護者の気づきの有無や、診断の有無とは関係なく、**保育者が気づいた時点でできることから始めていきましょう。**そのときには子どもが「障害」かどうか、何の「障害」であるかはあまり関係がありません。もちろん、どの障害の可能性が高いかがわかると、その子の困りをより理解しやすくはなりますが、保育者には障害を診断する役割はありません。その子の理解を深めるという意識で考えていきましょう。

その際に大事なことは、**子どもの行動の背景（子どもが何に困っているのか、どこにつまずいているのか、なぜそこにつまずきやすいのかなど）を知ること**です。どう支援するかは、行動の背景によって異なりますので、このような検討を行うことが重要です。検討を深めるためのツールとして、個別の指導計画の様式を活用するのもよいでしょう（P.132参照）。

なお、正式な個別の指導計画は、原則本人や保護者の同意を得て作成・実施する必要があります。そのため、ここではあくまでも個別の指導計画の「様式」を、その子どもへの理解を深め、具体的な支援や手立てを考えるためのツールとして利用しましょう。

ワンポイントアドバイス

複数の職員で子どもの行動を「なぜ？」の視点から考え、子どもの行動の背景を理解しましょう！

保育者の困りは園内の職員間で共有し、適切な支援を考える

　保育者が「気になる」のは、その子のことを理解できず、対応がうまくいかなくて困っているからであるともいえます。そのため、一人で抱え込まずに、ほかの職員とその子の気になる様子を共有し、一緒に考えてもらいましょう。子どもの行動の背景は、多様な視点から捉えることではじめて見えてくることがあります。

　筆者は保育者向けの研修などで、付箋を使って子どもの行動の背景を複数の視点から検討するワークを行っています。子どもの気になる姿を具体的にひとつ挙げ、それに対して複数の保育者で、「なぜその子がそのような行動をするのか」をそれぞれ付箋に書き、模造紙の上に出し合ってさまざまな視点から検討し合うのです。**複数の保育者で考えることで、自分の思い込みに気づいたり、今まで考えたこともなかった背景や理由に気づいたりと、子ども理解が深まり、子どもに合わせた適切な支援をすることにつながります。**

　職員間で検討したことをもとに適切な支援ができれば、保護者に対してその支援を「子どものニーズに合わせた配慮」として伝えていくこともできます。子どもの変化をポジティブに保護者に伝えていくことで保護者との信頼関係の構築にもつながるので、まずは子どもへの適切な支援を大事にしましょう。

PROCESS
1

保育者は子どもの様子が気になっているが、保護者は気にしていない

保育者の困りをキャッチして、園内で支援体制を整える

保育者の困りに早めに気づけるように常にアンテナを張る

　管理職は、日頃から保育者の困りにアンテナを立てているのではないでしょうか。気になる子の保護者支援においても、保育者の困りに早めに気づくことが重要です。というのも、**担任などが保護者と関係を悪化させてしまうときには、"この保護者とどうかかわったらよいかわからない"、"この子の対応に困っているから、保護者にそれをわかってもらいたい"などの保育者側の困りが隠れていることが多い**からです。保育者が、このように困っている状態で保護者とかかわると、保護者にとってはよい支援やかかわりになりません。

　管理職は、保育者が自分一人でなんとか対応しなければならないと抱え込んでしまっていないか、常にアンテナを張り、早めに気づくようにしましょう。また、保育者が困ったときには周囲に頼ってよいこと、小さなことでも相談してほしいことを日頃から伝えておき、保育者から相談があったときには複数の職員で一緒に考えるようにしましょう。

お母さんに気づいてもらうのはあとからでも大丈夫。まずは焦らずに園での支援を考えていきましょう

複数の職員で対応する
体制をつくる

保育者の困りが出てきたときには、複数の職員でその子どもや保護者の理解を深める機会をもちましょう。その際、**まずは保育者の困りを受け止めることからはじめます。**保育者の対応を否定することからはじめてしまうと、それ以降保育者が困りを共有できなくなるので、気をつけましょう。

次に、保育者が困っていること、悩んでいること、気になっている子どもの姿を具体的に聞き出していきましょう。どう対応すればよいか助言を求められたり、人手がほしいと具体的に要求されたりすることも多いですが、重要なことはともにその子の理解を深めることです。

人手に余力がある場合には、保育者が困っている時間帯に職員を増やし、**複数の目でその子の様子を見る機会を設けたり、保育者が安心してその子とかかわれる時間を確保したりしましょう。**

人手に余力がない場合には、**管理職がその子の様子を見る時間を意図的に作り、その子の行動の背景を探るための情報を集めましょう。**複数の情報が集まってきた頃に再度職員間で集まり、複数の視点で子どもの支援を考えていくことが望ましいです。

また、自治体によっては、子どもの障害の有無や保護者の同意にかかわらず、保育者や園からの申し出によって、心理職等による巡回相談が受けられるところもあります。園の職員だけでは子ども理解が深まらない場合には、そうした制度を利用するのもよいでしょう。

いずれにしても、子どもへの支援が個人任せにならないように気をつけます。保育者の困りや悩みをともに考えてくれていること、子どもへのかかわりも複数の職員に支えられていて自分一人で抱えなくてもよいことを保育者が感じられれば、保護者の理解も焦らずに待つことができます。

PROCESS
1

保育者は
子どもの様子
が気になって
いるが、
保護者は気に
していない

園全体に
情報共有しつつ、
自らも保護者に
直接かかわる

保護者のペースに応じた
かかわり方を園で共有する

保育者の困りをキャッチしたときには、「気になる子」の保護者の様子も合わせて確認し、保護者が4段階のプロセスのうち、どの段階にいるか検討しましょう。これは保護者に子どもの課題を気づかせるためではなく、保護者のペースに合わせた支援を行っていくためです。

保護者が子どもの課題に気づいていない様子である場合は、**PROCESS 1** になります。この場合は、担任が保護者に対して子どもの課題に気づいてほしいと考えていたとしても、焦らずに待つように伝えましょう。また、担任以外にも「気になる子」の保護者に直接かかわる保育者はいます。そのため、管理職はそれらの保育者に対しても「焦らずに待つ」方針を共有します。さらに、その後の保護者とのかかわりの中で、**PROCESS 2** の対応を職員全員ができるようにしておく必要があります。そこで、この時点で、本書の **PROCESS 1** と **PROCESS 2** の内容を園のすべての職員に周知しておきましょう。

一方、保護者自身がすでに子育てのしにくさを訴えている場合には、本書の **PROCESS 2** 以降にすすみ、具体的に園と保護者で話し合っていきましょう。

管理職も直接保護者とかかわり、
関係構築を目指す

　管理職自身も日常的に保護者に挨拶をしたり、何気ない雑談などを交えて話をしたりすることで、意識的に保護者との関係を築いていきましょう。PROCESS 2 以降では、管理職自身が保護者と直接かかわり、話をするほうがよい場面が出てきます。そのときに、**信頼関係のない管理職から突然話をされても、保護者は安心して話を聞いたり、受け止めたりすることができません。**

　管理職という立場上、特定の保護者にだけ話しかけると、保護者によっては警戒することもあるでしょう。すでに多くの管理職がしていることだと思いますが、送迎時にはどの保護者にも積極的に声をかけるなど、日常的に対してもかかわりをもつ姿勢が必要です。

PROCESS
1

保育者は
子どもの様子
が気になって
いるが、
保護者は気に
していない

おはよう
ございます

 **こんなときどうする？**

 **Q** 健診で指摘されたことに対して保護者が拒絶し、同意を求めてくるのですが…

A 共感しつつ話を最後まで聴いた上で、客観的な事実と保育者の見解を伝えましょう

　1歳6か月児健診や3歳児健診などの乳幼児健診で、子どもの発達に関して保健師等から指摘されたとしても、それを受け入れられるかどうかは、保護者の状況によって異なります。

　保護者が健診の場で指摘されたことに納得がいかない場合には、「健診でこんなことを言われたけど、うちの子に限ってそんなはずがない！」と怒リモードで保育者に報告してくることもあります。そのようなときには、「○○さんとしては、Aくんの普段の様子を知らないのに勝手なことを言われたようで嫌な気持ちになりますよね」と保護者の気持ちに共感しつつ、話を最後まで聴きましょう。

　さらに、「先生もそう思いますよね？」と保護者から同意を求められるかもしれません。保育者は保健師等と役割が違うため、発達に関する判断はできにくいことを伝えつつ、園での様子を具体的に誠実に伝えましょう。例えば、「園では〇〇ができるときとできないときがあるので、△△のような工夫をしてできるようにサポートしています。Aくんが何に困っているか私が十分に理解できていないことがあって、そこを理解できるとAくんにとってもっとよいかかわりができると思います」など、アイメッセージ*も使いながら、保育者の見解を伝えましょう。

＊アイメッセージ：「I＝私は（が）」を主語にして、自分の意思や要望を伝える方法です。伝えたい内容が一般化されず、あくまでも「私」の思いであることが伝わりやすくなります。また、メッセージを受け止めるかどうかを相手にゆだねることができます。

Q ほかの子どもに手が出てしまう子がいて、加配保育者をつけないとクラスが成り立ちません。そのためにも、早く保護者に気づいてもらいたいと焦ってしまいます…

A 一人で抱えず、自分が困っていることを園内で共有してみましょう

保護者がたとえ子どもの課題に気がついたとしても、それだけですぐに子どもが他害をしなくなるわけではありません。場合によっては、保護者が子どもを過度に叱責して、余計に他害が増えてしまうこともあります。つまり、保護者の状況によっては逆効果になってしまいます。

そのため、保育者の不安や困りを園内で共有してみましょう。管理職は保育者個人のせいにせず、園全体で受け止め、複数職員で対応を考えていくようにしましょう。

まずはその子がなぜほかの子どもに手を出すか考えることから始めます。誰かを傷つけようと意図的に行動しているわけではなく、無意識に近い状態で思わず手が出てしまっている場合もあります。他害行為があるときとないときの違いは何か、他害行為の前後にどういったことが起こっているかをよく観察してみましょう。他害行為の理由や背景、きっかけなどが理解できれば、それを取り除いたり、環境調整をすることはできないか考えていきます。

また、保育者が「他害する子」と固定的に見てしまってはいないか、その子自身のよいところや好きなことを理解できているか、保育者とその子の関係が構築できているかも見直してみましょう。保育者の余裕がないときは、ほかの職員の手を借りて、まずはその子のことを受け止められる時間を作ることからはじめましょう。こうしたことが遠回りのようでいて、一番の近道になります。

PROCESS
1

保育者は子どもの様子が気になっているが、保護者は気にしていない

「この子気になる……」と思ったときに
「障害の社会モデル」を思い出そう

●「障害」は社会が作り出している

　障害の「社会モデル」という考え方があります。これは、「障害」は個人に
あるのではなく、社会の側にあるという考え方です。例えば、車椅子利用者に
とっては、「足が動かない」ということが「障害」なのではなく、道に段差が
あることが「障害」であり、段差こそが「障害」なのです。

　この考え方によれば、「障害」は社会が作り出しているものといえます。現
在の社会は、さまざまなことを決めたり考えたり作ったりするときに、マジョ
リティの意見や視点だけで進んでいくことが多々あります。例えば新しい道を
作るときに、その道を設計したり、作ったりする人たちの多くは、車椅子を利
用していない人（＝マジョリティ）です。そうなると、車椅子利用者（＝マ
イノリティ）の視点は抜け落ちてしまいがちで、結果的に車椅子利用者の通れ
ないような段差のある道ができてしまい、「障害」が生まれてしまうのです。
こうした「障害」は、下のイラストにあるように、マジョリティの人にとって
は気にとまることもないような些細なものであることが多いです。そのため、
マジョリティからすると、マイノリティの人が困っていることにすら気がつか
ないのです。

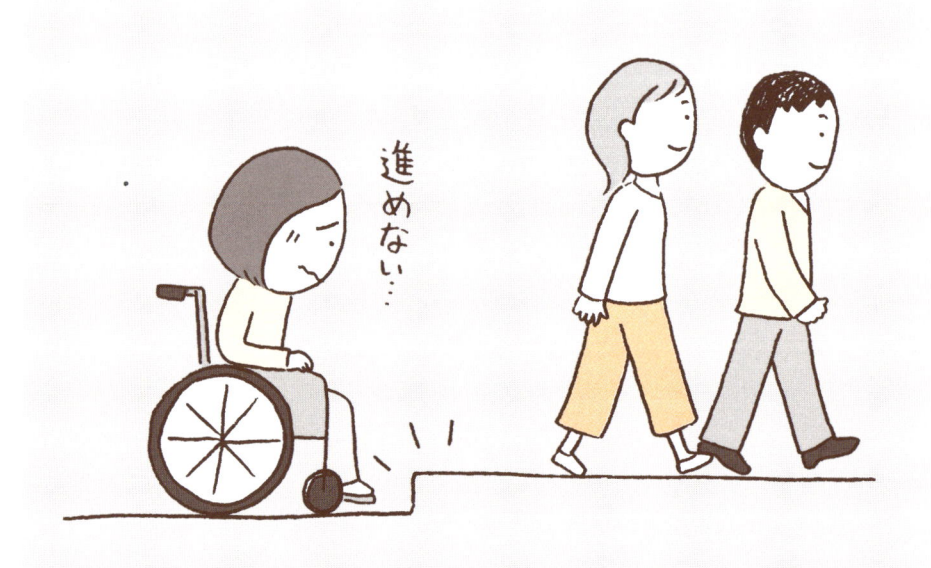

●**環境を変えることで「気にならなくなる」こともある**

　保育の中の「気になる子」にも同じことがいえます。つまり、保育者が「気になる子」というのは、今の保育のあり方や環境では、何らかの「困る」こと（＝先の例の「段差」）が生じているため、保育者が「気になっている」といえます。つまり、保育者が「気になる子」というのも、今の保育のあり方や環境が作り出してしまっている可能性があるのです。実際に、「障害があるかもしれない」と保育者が気になっていた子どもでも、保育のあり方や環境が変わることで、「気にならない子」になっていくことがあります。

　そのため、保育者が「気になる」と思ったときには、すぐに「障害」に結びつけるのではなく今の保育を見直すことで、その子の「気になる」ところがなくなる可能性はないか、一度今の保育のあり方や環境について見直してみてほしいと思います。

　子どもは一人ひとり全員違っていて当然です。まずは、それぞれの違いを理解し、受け止めることから始めましょう。その先にその子の育ちを引き出すかかわりがあると思います。また、これが保護者の信頼を得ることにもつながっていきます。

　しかし、「社会」の側が変わるのは非常に難しく、時間もかかります。園では「気になる」ことがなくなるようにその子に合わせて環境を整えることができたとしても、この先、小学校など園の外の社会に巣立つと、環境が整えられていないため、その子自身が困ってしまうのではないかと心配になります。この心配は次の二つの方向で減らしていきましょう。一つは小学校等のその子が園を出たあとに生活する場に対して環境の変化を求めていくこと、もう一つはその子自身の力を伸ばしていくことです。どちらかではなく、どちらもやっていくことで、「社会」も少しずつ変わり、その子本人も育っていくことで、生活しやすい場面が増えていくと思います。

PROCESS
1

保育者は子どもの様子が気になっているが、保護者は気にしていない

よく見られる保護者の姿

- 子どもに対する違和感を周囲にこぼすようになる
- 園での子どもの様子を何度も尋ねるようになる
- 子どもの発達や「障害」に関する情報を集める

保護者の曖昧な違和感が徐々に明確になる時期

PROCESS 2 では、保護者が子どもの姿を気にしている様子が見られるようになり、保護者のほうから子どもの発達に関することを話題にするようになったり、子どもの様子を観察するようになったりします。このタイミングで、保育者が“子どもがどのようなことに困っているか”、“どのようなサポートがあるとより過ごしやすいか”などを保護者に伝えると、保護者が何らかの専門的支援を受け入れることがあります。結果的に子どもへの早期支援につながることにもなるため、気になる子の保護者支援においては、保育者がこのタイミングを逃さないことが最も重要です。

PROCESS 2

保護者に子どもの様子を聞かれるようになる

支援のポイント

● 保護者のこぼす違和感に対して敏感になり、その違和感を受け止める

● 子どものニーズに着目し、どのような支援が利用できるかを整理して伝える

● 保護者の不安や心配に合わせて具体的な支援の方法を話し合う

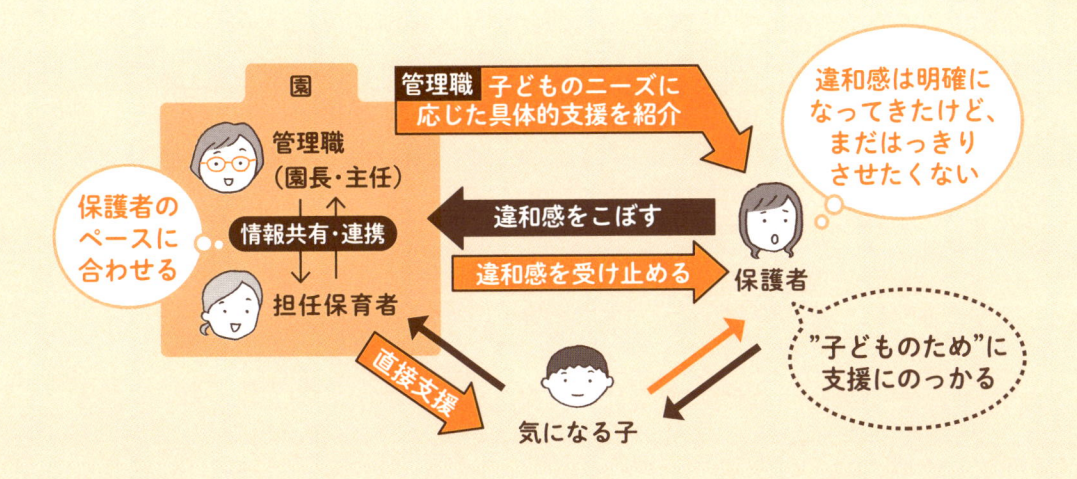

「ほかの子と違う」違和感で不安や心配が高まる

わが子がほかの子どもと少し違う行動をしていたり、様子が違っていたりすることを目の当たりにすると、保護者は周囲に自分の「違和感をこぼす」行動を起こすようになります。「違和感をこぼす」行動とは、保護者自身がほかの子どもとの違いを見たことで感じた「違和感」や「不安」を少しずつ周囲の人に話すというものです。

PROCESS 1 においても、保護者は曖昧な違和感をもっていました。ただ、その違和感は非常に曖昧なものであったために、すぐにかき消すことができるものでした。しかし、わが子がほかの子どもと一緒に過ごしている様子を見たり、ほかの子どもの姿と比較する機会が増えることで、それまで「曖昧」だった保護者の違和感が徐々に「明確」になっていきます。

例えば、"園の行事のときにクラスの中でわが子だけが活動に参加せずに勝手に動き回っていた"、"習い事で、わが子だけが指示に従わずに別のことをしていた"などのエピソードがあります。このような姿を保護者自身が自分の目で実際に見ることで、違和感が「明確」になるのです。同時に、保護者の心には不安や心配が膨らんでいくことにもなり、こうなると、これまでのように違和感を簡単にかき消すことはできません。これが、保護者の「違和感をこぼす」行動につながるのです。

保護者の気持ち②
自分だけでは抱えきれなくて「こぼす」

「こぼす」と表現しているように、ここでは改まった相談という形ではないことが多いです。例えば、「この子、いつも走り回っていますよね」「いつも一人で遊んでいますよね」といった独り言に近いつぶやきであったり、「言葉が少ない子なんです」と子どもの気になることを連絡事項として保育者に伝えておこうとしたりする姿が見られます。

これらの保護者のつぶやきに近い一言は、「不安を解消したい」「安心したい」という気持ちの表れでもありますが、同時に **「自分では不安をかき消すことができにくいこと」「心配が高まっていること」の表れ** でもあります。

「違和感をこぼす」相手は保育者以外であることも多いです。特に、保護者にとってより身近な存在には、保育者よりも先に話をしていることがあります。その際に、「気にしすぎ」「大丈夫」と言われていることも多く、保護者はそうした言葉をかけられると、「それなら大丈夫かな」と思い、違和感をかき消して **PROCESS 1** に戻ることもあります。

このように保護者は保育者以外の人ともかかわり合って生活しているため、保育者の対応だけで保護者の心情が変わるわけではありません。**PROCESS 1** と **PROCESS 2** を行きつ戻りつすることもよくあります。

PROCESS **2**

保護者に子どもの様子を聞かれるようになる

この子の性格や個性なのかもしれないけれど、だんだん心配になってきたな……

男の子だし、こういうものなのかな……

「大丈夫」はNG！まずは違和感を受け止める

「大丈夫」は真の不安の解消にならない

PROCESS 1 のときから保育者がやるべきことは、とにかく保護者の言動をよく観察することです。特に、保護者の「違和感をこぼす」行動はわかりにくいので、意識して観察しておく必要があります。

保護者が保育者に直接違和感をこぼしたときには、**安易に「大丈夫」と言ってしまわないように気をつけましょう。**

保護者の気持ち②で述べたように、保護者が違和感や不安をこぼすと、保育者、ママ友、家族など周囲のさまざまな人から「大きくなったらできるようになるよ」「この子の父親も小さいときそうだったよ」など、「心配しすぎないで大丈夫」というメッセージを受け取ることがよくあります。保護者はこうした周囲からの「大丈夫」という言葉に安心し、その「大丈夫」を信じて、子どもをそのまま見守ろうと **PROCESS 1** に戻ることが多いです。特に、ここでは保護者の「心配」や「不安」が膨らんでおり、自分だけでは違和感をかき消せない状態であるため、周りからの「大丈夫」という言葉がそんな不安を打ち消してくれる救いの手にも見えます。

しかし、ここで保護者に「大丈夫」と伝えることは、**真の意味での不安の解消にはなりません。**実際に、保護者はこのように周囲から「大丈夫」と言われた時期を振り返って、「違和感を見て見ぬふりしてしまった」「あのときにはっきりと言ってくれたらよかったのに……」と後悔することも多いです。

ワンポイントアドバイス

思わず出てしまう「大丈夫」に気をつけましょう！

不安を受け止め、ともに向き合う

　必要なのは、安易に不安を解消することよりも、**保護者の不安や心配を受け止め、一緒にそれに向き合っていくかかわり**です。

　「○○が心配なのですね」と保護者の発言を繰り返したり、「どのようなことが気になられていますか？」と質問したりすることで、保護者の思いを丁寧に聴き取りましょう。そうすることで、**保護者が自身の心配や子どもの状態から目を背けたり、先延ばしにしたりするのではなく、それらと向き合うことにつながります**。

PROCESS
2

保護者に
子どもの
様子を
聞かれる
ようになる

保護者と子どもの様子を管理職と共有し、組織として対応する

管理職に保護者の違和感をこぼす行動を報告する

保護者の違和感をこぼす言動に気がついたときには、必ず管理職にそのことを伝えましょう。園によっては、まずクラスや学年のリーダーなどに伝えるほうがよい場合もあります。また、朝夕の長時間保育の担当保育者など、**保護者と送迎時にかかわる機会が多い保育者への共有も重要です**。なぜなら、園のほかの保育者に対して、保護者が同様に違和感をこぼす可能性があるからです。保護者の状況を共有し、どの保育者が対応しても、**担任保育者のかかわり①**で述べた姿勢で話を聞けるようにしておきましょう。

ほかの保育者に対する方針の共有は管理職から行われることもあるので、園内への情報共有の方法も含めて、管理職に検討を依頼しましょう。

ワンポイントアドバイス

保護者が違和感をこぼしたら管理職に報告し、「安易に大丈夫と言わずに不安を受け止めるかかわり」を園内の共通認識にしましょう！

園での子どもの様子や支援の経過について、情報収集と整理を始める

　今後は、子どもの姿や園での対応について、さらに詳しく保護者と話をする必要が出てきます。そのための準備として、園内で子どもの様子や支援の経過についての情報収集と整理を行いましょう。

　例えば、**PROCESS 1** が前年度から始まっていた場合、現担任がそのときの様子を十分に知らないこともあります。==前年度の担任に様子を聞いたり、記録を確認したりして==、**PROCESS 1** から始めていた支援を整理しておきましょう。また、最近の様子として、園で見られる子どもの姿や保育者が行っている対応について、==ほかの職員からも情報収集を行い、いつでも保護者に具体的な様子を伝えられる==ようにしておきましょう。

　可能であれば、次に保護者が違和感をこぼした際にその場で子どもの姿を具体的に伝えられるように、話し方や話す内容についてもほかの保育者と相談しながら考えておきましょう。保護者が違和感を感じている姿についていくつかピックアップして整理しておくと、次に保護者から話があったときにも慌てずに話を深めていけるでしょう。

PROCESS
2

保護者に
子どもの
様子を
聞かれる
ようになる

管理職のかかわり①

管理職も保護者の様子を観察し、保護者の不安を受け止める

　管理職も、日ごろから保護者の言動をよく観察しておく必要があります。特に初期の「違和感をこぼす」行動はかなりわかりにくいものなので、見逃してしまわないように **PROCESS 1** の時点から注意深くアンテナを張っておきましょう。

　管理職との関係によっては、保護者が担任ではなく管理職に直接違和感をこぼしてくれる場合もあります。その際の対応は **担任保育者のかかわり①** で示した通りです。一般的には、**担任に話すよりも管理職に話す場合のほうが、保護者の心配は深まっている**といえます。そこで「大丈夫」と流してしまわずに、保護者の気持ちや考えを最後まで聴くように意識しておきましょう。

　すでに保護者との信頼関係が築けていると、この時点で管理職が保護者の気持ちを聴き出すことができる場合もあります。その際には、**PROCESS 2** の❷以降のかかわりを参考に、さらに話を進めてもいいでしょう。話が長引きそうな場合には、保護者の都合を確認して別室に案内するなど、ほかの保護者に聞かれる心配が少ない環境で話をすることも意識しましょう。

> りょうは、園で一人で遊んでいることが多いみたいですよね……

管理職のかかわり②

園での具体的な支援方針を共有する

保育者が保護者の違和感をこぼす行動に気がついた場合には、必ず管理職に報告してもらうようにしましょう。そのためには、PROCESS 1でも述べたように、普段から子どもや保護者の些細な変化について園内で共有する体制を整えておく必要があります。

保育者から報告があった場合や管理職が保護者の違和感をこぼす行動に気づいた場合には、園内で具体的な支援の方針を検討しましょう。まずは保護者とかかわる可能性があるほかの職員（クラスに複数の保育者がいる場合にはクラスのほかの保育者や長時間保育等送迎時に保育にかかわる職員など）も、保護者に対して「安易に大丈夫と言わず、不安を受け止めるかかわり」ができるように説明しておきます。

保護者の違和感がかなり明確である場合や、担任が保護者とのかかわりに難しさを感じている場合には、管理職が直接保護者に声をかけて話をすることも検討します。担任が保護者と話ができる関係性であれば、PROCESS 2の❷やPROCESS 3以降を確認し、今後のかかわりや役割分担について確認しておきましょう。

PROCESS 2

保護者に子どもの様子を聞かれるようになる

こんなときどうする？

Q 保護者はほかの人に違和感をこぼしているようですが、保育者にはなかなかこぼしてくれません……

A 保護者の決心がつくまでは焦らずに、相談を受け止められる専門性があることを示しながら、信頼関係を構築していきましょう

　保護者が子どもの違和感に気づいていても、保育者には相談せずに、ほかの人に相談していることもあります。理由の一つとして、保育者に相談することで、保護者の不安がかき消せなくなるのが怖いためにあえて避けている場合が考えられます。この場合は、保護者の決心がつくまでもう少し焦らずに見守りましょう。

　また、悩みを抱えた保護者が保育者に相談しようとするには、以下の二つが必要といわれています。

❶保育者に相談を受け止めてくれる専門性があり、必要に応じて適切な専門機関などを紹介してくれると思えること

❷過去に保育者に相談したときに、悩みを受け止めてもらえて満足した経験

　そのため、保護者の悩みに合わせて必要な関係機関を紹介できるように、**発達障害に関する情報や相談機関等の情報をもっておきましょう**。そうした情報を保護者の目にとまるところに掲示しておくと、相談できる専門性があることを示すことができます。また、**日常的に保護者とコミュニケーションをとり、小さな不安や悩みなどを受け止める**ことで、保護者との信頼関係を構築することを優先しましょう。保育者は保護者の子育ての良し悪しを評価したり、ジャッジしたりする立場ではなく、ともに子育てをする伴走者であることが伝わるように、意識的にメッセージを送ったり、そうした姿勢を見せていくようにしましょう。

Q 保護者の違和感について詳しく聞こうとすると、「大丈夫です」と言われてしまい、それ以上の話をしてもらえません

A 無理に聞き出そうとせず、いつでも相談に乗る姿勢を示しましょう

保護者が違和感をこぼしたときに、保育者が「気にされているのですね」と受け止め、さらに詳しく話を聞こうとした途端、保護者が「なんでもないです」「大丈夫です」などと、それ以上話をすることを拒むことがあります。その場合には、まだ**保護者がそうした違和感に向き合う準備ができていない**と考えられます。そのため、それ以上無理に聞き出したり、話したりする必要はありません。

PROCESS 1と**PROCESS 2**のはざまで葛藤する保護者もいるので、「何か気になっていることがあればいつでも言ってくださいね」といつでも聞く姿勢があることを伝えて、再度"待つ"支援に戻りましょう。ここで相談に乗る姿勢を示しておくことで、**保護者の不安や心配がさらに募ってきたときの相談相手として、保育者の顔が頭に浮かぶようになる**でしょう。

また、子どもの姿を保護者が目にする機会を作ることも必要です。わざわざ子どもが困っている姿を見せるというのはよいことではありませんが、園でできる配慮を最大限にしたうえで、実際に子どもがどのような姿でいるのかが伝わるように見てもらうことも考えていきましょう。その際、「気になる子」の保護者だけを対象とするのではなく、クラスや園の行事としてもともと設定されているものをうまく活用し、自然な流れの中で子どもの姿を見ることができるようにしましょう。

2 保護者から子どもの様子を聞かれたら何を伝える？

「障害かもしれない」と気づき始めている

「こぼす」行動でも違和感が解消されないと、さらに保護者は情報を集める行動に出ます。例えば、「今日はどうでしたか」と何度も保育者に子どもの様子を聞いたり、園の送迎時にこっそり子どもの様子を観察したり、障害に関するパンフレットを持ち帰って情報を自ら集めたりします。この段階においては、保育者から「今日は○○ができませんでした」など子どもに関するネガティブな情報を聞いても、それを拒絶するよりは、さらに詳しく説明を求めたり、自分でもその様子を見ようとしたりと、むしろより詳しく知ろうとする姿が見られることがあります。

保護者のこのような姿は、**違和感をこぼす状態よりも、より不安や心配が大きくなってきていること、また具体的に違和感の正体（障害かもしれないこと）に気づき始めていることの表れ**といえます。

近年はインターネットやSNS等で簡単に「障害」に関する情報が手に入るため、そこで得た情報を鵜呑みにして、「障害」の可能性はないと自己判断してしまったり、過度に「障害」を疑うようになったりすることもあります。

保護者の気持ち②

周囲の反応や自分自身の生活状況によっては、違和感がまぎれる

違和感をこぼしたり、より積極的に情報を集めたりするようになっても、違和感をかき消そうとする力は働いています。

そのため、ここでも周囲から「大丈夫」と言われることで、それ以上深く考えないようにしたり、追求しないようにしたりすることは続きます。

また、保護者自身の仕事が忙しくなったり、子どもが入院を要するような病気になったり、家族の問題（親の介護や夫婦の不仲など）が起こったりすると、保護者はそちらへの対応を優先せざるを得なくなります。そうすると、違和感が明確になってきた時期であっても、その原因を追求することは後回しになります。

子ども目線で子どもの困っていることを伝える

「うまくいったこと」と「難しいこと」の両方を伝える

　保護者が自身の不安や心配について話をしてくれた場合には、話を十分に聴いた上で、保護者が心配している行動に関連した園での子どもの姿と、それに対する保育者のかかわりを具体的に伝えましょう。その際は、**子どもの視点に立って子どもの困りを伝えること**が重要です。また、できれば保育者がかかわる中で**「うまくいったこと」と「かかわりが難しいこと」の両方**を伝えられるとよりよいでしょう。

　例えば、子どもがじっとしていられないことを保護者が気にしているときには、以下のような伝え方ができます。

　「確かに園でも、朝の会の時間にはじっとしていることが苦しいようで、みんなが座っている席の周りでウロウロと歩いていることがあります。私たちは、『Aくん、今は朝の会で座る時間だよ』とイラストを見せながら声をかけるようにしています。そうすると座れるときもあって、そのときには『座ってくれてうれしいよ』と伝えています。ただ、どうしても座れないときもあるので、私たちもどうやってかかわるのがAくんにとってよいのかといろいろ考えているところです」

　保護者としては、自分が心配している行動が園でも見られることや、保育者が支援をしても子どもの行動が変わらないことを知ることになり、ショックを受けたり、落ち込んだりします。こうした感情そのものは当然のことですので、その感情を共感的に受け止めていきましょう。

　同時に保育者のかかわりを伝えることで、保育者も子どものために取り組んでいること、そのうえで悩んでいることが保護者に伝わります。このように話をすることで、保護者は孤独に陥らずに済むでしょう。保育者は「私も一緒に考えていきたい」とアイメッセージを使いながら、言葉にして伝えていきましょう。

その場ですぐに伝えられない場合には、保留にして職員間で作戦を立てる

　「うまくいったこと」と「かかわりが難しいこと」の両方を詳しく説明するのは難しいと思う保育者もいるでしょう。そうすると、思わずどちらか一方だけを伝えてしまったり、「大丈夫ですよ」と励ましたりして話が終わってしまうかもしれません。そうなると、この時期の保護者は「先生ができていると言っていたし、大丈夫か」と、**明確になってきた違和感を後回しにしてしまう**可能性があります。

　そのため、保育者がその場で伝えるのが難しいと感じた場合には、無理をせずに「園でも様子を見て、またお伝えしますね」や「ほかの保育者にも聞いてみますね」と持ち帰ってもよいでしょう。そして、保護者が違和感をこぼしたり、情報を集めたりする言動があったことを、園長や主任などに伝えて情報共有し、その後の具体的な対応や保護者への説明の仕方について作戦を立てましょう。

PROCESS
2

保護者に
子どもの
様子を
聞かれる
ようになる

ワンポイントアドバイス

うまく伝えられないと思ったときは無理をせず持ち帰って、複数職員で具体的な伝え方を考えましょう！

相談の場に誘う

**無理強いしない範囲で、
相談の場に誘いかける**

保育者から園での子どもの具体的な姿や保育者の対応を話すことで、さらに保護者から質問があったり、家庭での様子についての話がでてきたりと話が深まる場合があります。そのようなときには、「よければ少し時間をとってゆっくりお話ししませんか」「主任にも相談できますので、一度一緒に話してみませんか」などと誘いかけてもよいでしょう。

保護者がそれらを希望したり、同意したりした場合には、その日その場で話ができることが望ましいですが、園で対応できる準備が整っていなければ、日を改めることも検討します。日を改める場合には、保護者の気持ちが揺れ動く可能性もあるので、できるだけ早く対応できるように準備しましょう。

それらを保護者が希望しない場合には無理強いをする必要はありません。保護者にもさまざまな事情や気持ちがありますので、「いつでも時間をとりますね」と相談に乗る準備があることだけ伝えておきましょう。

ワンポイントアドバイス

保護者の希望を確認しながら、少し時間をとって話ができるように声をかけてみましょう！

事前に場をセッティングする

　保護者から希望があったときには、管理職にも相談し、面談や相談のための時間や場所、同席する職員、話の内容などを事前に確認するようにしましょう。場所のセッティングにおいては、できればほかの保護者や保育者の目が気にならない場所を用意し、落ち着いて話ができるようにしましょう。また、座る位置も重要です。正面に座るよりも少し斜めに座るほうが対立姿勢にならずによいことがあります。**担任と管理職が同席する場合には、保護者の隣や斜め前あたりに担任が座り、担任は保護者と同じ立場に立つイメージをもちましょう。**

　話の内容については、**管理職のかかわり①**（P.62参照）にあるように、子どもの困りを中心に、園での姿をより具体的に話すこと、保護者の不安や心配な点を丁寧に聴き取ること、それに合わせて利用できる支援について管理職から情報提供することなどがあります。

　なお、第1章でも述べたように、家族間の認識のズレも考慮し、この時点で両親に同席してもらうかなど、誰とどのような話をするか、保護者自身の意向も確認して場を設定しましょう。家族の関係性によっては、例えば両親が同席することで夫婦間の葛藤が高まる場合もあるため、慎重に検討します。

PROCESS
2

保護者に
子どもの
様子を
聞かれる
ようになる

保護者と直接話をする

保護者の意思を尊重して誘う

　保護者の違和感がかなり明確である場合や、保育者が保護者とのかかわりに難しさを感じている場合には、管理職が直接保護者に声をかけて話をすることも検討しましょう。

　管理職から直接保護者に声をかける場合には、送迎時に**周囲に人が少ない状況を見計らって声をかけ**ましょう。また、保護者に話ができる**時間的・心理的ゆとりがあるかどうかも見極める**必要があります。管理職から保護者に自然に声をかけ、保護者がこぼしていた違和感の内容について話さないかと誘いかけ、保護者に話をしたい意思があるかどうか確認しましょう。

　担任や管理職から話し合いに誘い、同意が得られた場合には、**担任保育者のかかわり②**にあったように具体的に場を設定し、話し合う準備をしましょう。

> りょうくんのことで気になることがあると聞いていますが、その後いかがですか？
> もしお時間があればゆっくりお話ししませんか

おかえりなさい

はい

子どものニーズを
中心に話し合う

　保護者と話をするときには、**「障害」があるかどうかは園の側からは焦点にしない**ようにしましょう。まず、保護者が違和感を覚えた子どもの姿について聞き、それに関する園での姿を具体的に共有します。子どもがどのようなことに困っているのか、保護者とともに考えていきましょう。また、子どものニーズに応じて、園で現在行っている支援などがあれば、具体的に説明します。そのためにも、管理職は普段から担任が子どもにどのようにかかわっているかを理解しておきましょう。

　園での具体的な様子を伝えることは、保護者に子どもの課題を突きつけることになります。それによって保護者の葛藤が生じ、向き合うことを避けたくなることもあるでしょう。その様子をみて、保育者もそれ以上踏み込むのを留めてしまいそうになるかもしれませんが、**ここは少し覚悟をもって、より具体的な子どもの姿を隠さずに伝えていきましょう。**

　保育者が保護者の葛藤に気づいたときには、その保護者の気持ちも受け止めるように努めます。その上で、子どもの困りを解決し、よりよく育つように、できることを一緒に考えていきたいことを伝えます。

　なお、家庭と園でみられる子どもの姿が異なることもあります。特に園のみで子どもの気になる行動が見られる場合には、保育者の対応のせいで子どもの行動が引き起こされていると考える保護者もいます。管理職は、直接子どもとかかわる保育者も守らなければならない立場です。少し客観的な立場から見えている子どもの姿を伝えつつ、**「誰かのせい」にするのではなく、「子どもが何にどう困っているのか」「どうすればよいか」をともに考えたいことを繰り返し伝えていきましょう。**また、保育者を責めたくなる保護者の「気持ち」に寄り添い、園全体で子どものために努力していく姿勢を示しましょう。

PROCESS
2

保護者に
子どもの
様子を
聞かれる
ようになる

利用できる具体的な支援や制度を紹介する

　保護者と話をする中で、保護者が抱いている不安や心配に応える方法として、利用できる支援を説明します。園でできる支援に加えて、このタイミングで、保育者の加配制度や療育（児童発達支援）等も紹介してみるとよいでしょう。

　いずれにしても、**子どもに「障害」があるからということではなく、子どもの困りを減らしたり、子どものよりよい育ちを支えたりするための手段の一つとして紹介しましょう。**

加配制度

　加配制度は、特別な支援や配慮が必要な子どものために、自治体から通常の保育者の基準よりも多くの保育者を配置するための経費等が支給される制度です。加配保育者の実際の役割は、園や子どもの状況によって異なります。支援が必要と判断された子どもがクラスの中で過ごしやすくなるように、その子に対して**個別に支援をする役割**を担う場合もあれば、クラス全体の担任保育者を通常の基準よりも増やすことで、支援が必要な子どもを含めた**クラス全体の保育がよりよくなるように支援する役割**を担う場合もあります。

　また、どのような条件で申請できるか、どのようにして認定されるかなどは各自治体によって異なります。多くの場合は保護者の承諾等が必要ですので、このタイミングで加配制度を紹介し、「お子さんが園でもより過ごしやすくなるために利用してみませんか？」と意向を確認しましょう。

療育（児童発達支援）

　いわゆる「療育」は、近年「児童発達支援事業所」の広がりによって、保護者の利用に対する心理的ハードルが下がってきています。療育というのは、もともと「治療」と「教育」という言葉が組み合わさって作られた言葉で、現在は障害のある子ども等特別な支援が必要な子どもに対する支援全体を指して使われています。療育は、保育以上に、**一人ひとりの発達の違いや特性に合わせて、その子のもっている力を伸ばしたり、苦手なところをその子に合わせた方法で学べるようにサポートしたりするもの**といえます。

　児童発達支援は、自治体で通所受給者証を発行してもらうことで、経済的な負担が少ない状態で利用することができます。子どもの育ちを促すための選択肢の一つとして紹介してみましょう。近隣の児童発達支援事業所等のパンフレットを集めておいて、「こんなところもあるみたいですよ」とより具体的に示すと保護者も考えやすくなります。

　地域によっては、複数の児童発達支援事業所がある場合もあり、それぞれの事業所で特色や利用時間・方法などが異なります。初めて療育につながる保護者にとっては、最初に相談に行った事業所の印象がその後の保護者の心情に影響を与えます。可能であれば事前に情報を集め、園としても信頼できるところを紹介できるとよいでしょう。

　また、通所受給者証自体は、自治体の担当課に申請が必要になります。第3章を参考に、相談先を確認し、児童発達支援事業所ではなく先に相談機関に行くよう勧めることもできます。

 **こんなときどうする？**

 **Q** 保護者から違和感を訴えられましたが、子ども
に発達障害の様子が見られません

A 障害の有無にとらわれず、保護者の困
りを聞き取り、一緒にかかわり方を考
えましょう

　最近は発達障害に関する知識が一般的なものとなり、発達障害の兆候に敏感な
保護者もいます。また、療育（児童発達支援）の利用のハードルが下がり、園か
ら勧められる前に保護者自身が利用を決める場合もあります。そのため、保育者
の目から見れば「気にならない子」であっても、保護者のほうが子どもの発達を
気にして相談したり、療育を利用したりすることもあるでしょう。

　保育者には、障害の有無にかかわらず、子どものニーズに焦点をあて、子ども
の育ちを保護者とともに考えていく役割があります。そのため、保護者が何らか
の違和感を抱いているのであれば、保護者の訴えをもとに具体的に子どものニー
ズを整理し、対応していきましょう。

　園の中では見られない姿を家庭で見せている場合もありますので、**保護者が気
になっていることを詳しく聞きながら、その子どもがどのようなことを感じて
いるのか、保護者自身が何に困っているのかを整理し、**保護者とともに子どもへ
のかかわり方を考えていきましょう。

Q 加配制度や療育（児童発達支援）の利用を拒否されてしまいました

A 保護者のペースを理解し、できる支援からやっていきましょう

　加配制度や療育（児童発達支援）等の利用ができることを紹介した際に、それらに対して拒否反応を示されることがあるでしょう。また、実際に療育（児童発達支援）を利用することを検討し、役所等に相談に行った結果、やはり利用をやめてしまう場合などもあります。

　第1章でお伝えしたように、保護者の気づいて動き出すプロセスは一方通行ではなく、行きつ戻りつ進んでいくものです。いったん何かを始めてみようと決心しても、実際に動いていく中で、やはり踏みとどまりたくなることもあります。保育者が「大丈夫」と言っていなかったとしても、周囲の人から「大丈夫」「気にしすぎ」などと言われて、そちらを信じることにする場合もあるでしょう。

　また、保育者との関係性によっては、専門的な支援の利用を勧められたことによって園から排除されたような気持ちになってしまい、前向きになれないこともあるかもしれません。

　いずれにしても、ここは保護者のペースに合わせることを主眼におき、再度**PROCESS 1**に戻って、**子どもへの支援を丁寧に行うことや保護者との信頼関係を築くこと**からやっていきましょう。

●「発達障害」は子どもだけではない

「大人の発達障害」という言葉があるように、発達障害というのは子どもだけのものではなく、大人になって「治る」というものでもありません。そのため、保護者の中に「発達障害」の方もいるでしょうし、診断は受けておらずともその特性を色濃くもっている人もいます。

また、現在の保護者世代が子どもだった時代には、まだ「発達障害」というものが世間一般に知られていませんでした。そのため、子どものころにいろいろな「困り」をもっていても、周囲からは気づかれずに大人になった人も多くいます。これは、よい意味で「変わった子」として許容されてきた場合もあれば、自分は困っているのに、周囲からは気づかれず叱責されながら育ってきた場合や、周囲に気づかれないように過剰適応をしてきた場合があります。これらの保護者自身の経験がその保護者の子どもへの接し方に影響していることもあります。

保育者としては保護者が発達障害かどうかを判断する必要はありませんが、保護者に発達障害の特性が濃く見られることに気づくことで、次のように保護者支援を工夫することができます。

●保護者に発達障害の特性が見られたら

保護者支援においては、保護者の立場に立って考えることが鉄則です。保護者に発達障害の特性が見られる場合には、その保護者の立場に立って考えるときに、発達障害に関する知識が役に立ちます。

例えば、何度言っても忘れ物が多い保護者がいた場合、ADHD（注意欠如・多動症）の特性を知っていることで、「気をつけていても、思わず忘れてしまうのかもしれない」と、その保護者の世界を少し想像しやすくなります。そして、この想像があれば、保護者が忘れにくいよう工夫ができます。例えば、頻繁に声をかけるようにしたり、送迎時にその場で書類を書いてもらったりすることが考えられます。

ほかにも、コミュニケーションがうまくいかないと感じる保護者がいた場合には、ASD（自閉スペクトラム症）の特性理解が役立つことがあります。ASDの特性の中で、字義通りに理解しやすく、言外の意図がわかりにくかったり、言葉で表現されていないことは想像しにくかったりするというものがあ

ります。どちらかというと保育者は、言葉で説明するよりも言葉に含まれたニュアンスで表現することが得意な場合が多いので、保育者が普段行っているコミュニケーションの方法では、ASDの特性がある保護者には伝わりにくいことがあります。そういった場合には、保育者が伝えたい内容について、できるだけ順序だてて具体的に言語化するように意識することで、コミュニケーションが円滑に進むことがあります。

　ここに挙げたのはあくまで一例です。実際にはその保護者の行動や姿から背景を探り、保護者の理解を深めてみてください。子どもが一人ひとり違うように、保護者も一人ひとりが違っています。その違いに合わせた個別の対応や、誰にとってもわかりやすい工夫などを、子どもたちに考えるのと同じように、保護者に対しても考えてみると、保護者支援の困りが減るでしょう。

PROCESS
2

保護者に
子どもの
様子を
聞かれる
ようになる

PROCESS 3

保護者の葛藤を
目の当たりにする

- 医療機関などの専門機関を探し始めたり、受診したりする
- 障害の診断にこだわる
- 子どもを叱りつけたり、子どもの苦手なことを無理にやらせようとしたりする

保護者の限界感が高まる時期

PROCESS 3 では、保護者が子どもの障害の可能性に気づき始め、どっちつかずの状況に限界感を高めていきます。この時期は保護者にとって非常に葛藤の大きい時期であり、保護者の心が大きく揺さぶられ、不安定になりやすいです。それによって、保護者のかかわりが、子どもに対して不適切と感じるようなものになることがあります。保護者支援においては、保育者が保護者の不安定な心情を理解し、必要に応じて具体的な道しるべになる情報を提供しつつ、保護者の心を支えることが求められます。

支援のポイント

● 必要に応じて専門機関等の情報を提示する

● 子どものニーズに焦点を当て、具体的な支援方法をともに考える

● 保護者の葛藤を理解し、受容しながら、保護者を支える

PROCESS **3**

保護者の
葛藤を
目の当たり
にする

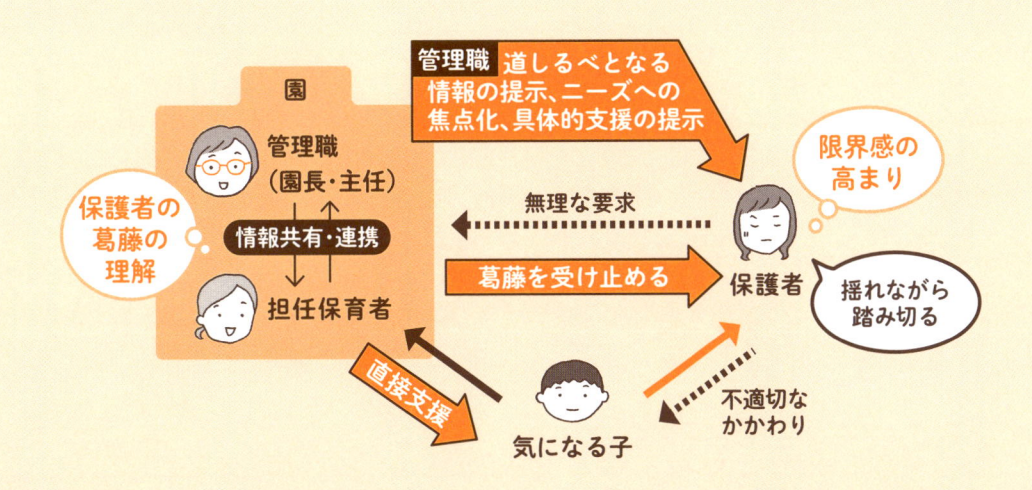

1 「障害」かどうか はっきりさせたい保護者にどう応える？

いよいよ「障害」を明確に疑い始める

　成長とともに子どもの生活する場が広がる中で、保護者がわが子をほかの子どもと比較したり、周囲から比較されたりする機会は増えていきます。その中で、繰り返しほかの子どもとの違いを感じたり、さまざまな人から指摘されたりすることが積み重なると、保護者もいよいよ**子どもの姿と「障害」を切り離せなくなっていきます。**

　また、PROCESS 2 で療育を受け始めた場合、「障害」という言葉にふれる機会も増えていきます。保護者の中で、「障害」とされている特徴とわが子の姿をより具体的に比べて考えることも増えるでしょう。

　こうした経験の蓄積の中で、これまでは曖昧なままにできていたものの、だんだんと**「障害」なのかどうなのかはっきりしない状態に余計に不安を抱く**ようになります。

せんせー
おはよう
ございます

タッ タッ タ

保護者の気持ち②

「はっきりさせたいが『障害』と決まるのは怖い」と葛藤する

それでも、やはり「障害」というものは保護者にとって想像以上に重いものです。「障害」に関する情報にふれることで、「やはりうちの子もそうなのでは」と思う一方で、「障害」と診断されてしまうことのこわさから、「そうではないと思いたい」と強く願います。これが大きな葛藤となって、保護者の心を揺さぶり、**子どもに対しての不適切な対応を引き起こしたり、保育者に対する無理な要求につながったりします。**また、どちら側に心が傾いているかによって保護者の言動が大きく異なり、周囲からは保護者の態度に一貫性がみられにくく、理解しにくいように思われてしまいます。

こうした葛藤状態が限界に達すると、保護者自ら専門機関等の受診を希望したり、それに向けて自身で行動したりします。どの程度の状態で限界に達するかは、保護者によっても異なりますので、比較的早く受診を希望する方もいれば、決心するまでに時間を要する方もいるでしょう。また、専門機関等の予約待ちなどによって、すぐに受診できないこともあり、受診を決心してから結果が出るまで長期間不安や葛藤を抱えて過ごさなければならない場合もあります。

また、「発達障害」以外にも、「愛着障害」や「HSP（HSC）＊」「ギフテッド＊」など、さまざまな言葉があります。例えば、「障害」という言葉に抵抗感が強い場合、「うちの子はギフテッドだから……」と、さまざまな言葉の中で保護者が受け入れやすい言葉を意識的または無意識的に選んで使うこともあります。

逆に、「障害」と診断が出ることで、子育てのせいではないと証明される側面があるため、障害の診断をもらうことに固執するようになることもあります。

どれも保護者の不安が強まり、葛藤が大きくなっていることの表れといえます。

＊HSP（HSC）：Highly Sensitive Person（Cの場合はChild）の略で、感覚処理感受性が非常に高い人や子どもを指します。障害ではなく、周囲の刺激を受け取りやすい人という意味です。

＊ギフテッド：その年齢の平均的な姿から比べると飛びぬけた能力をもつ人や、特定の分野で非常に高い能力をもつ人を指します。その中には発達障害の特性を色濃くもつ人もいます。

PROCESS
3

保護者の
葛藤を
目の当たり
にする

保護者の気持ちを聴き取る

保護者の気持ちの揺らぎに流されすぎず、つながり続ける

この時期は、保護者の気持ちの不安定さから、保育者に対する態度や子どもに対するかかわりも厳しいものになることがあります。もしくは保護者がふさぎ込むようなこともあるかもしれません。いずれにしても保護者の葛藤が大きく、保護者にとってかなり苦しい時期です。

保育者はそうした保護者の葛藤や心の揺れを理解し、**保護者が子どもや保育者に厳しい態度で接することがあっても、心を揺さぶられすぎないようにしましょう。**

保護者を船に例えると、この時期は大嵐の中で船が流されてしまいそうになっているような状態です。その中で保育者はその船の「いかり」になるイメージでかかわっていきましょう。一緒に揺さぶられすぎると、保育者自身も流されたり転覆したりしてしまいます。そうならないように、保育者は自分自身の気持ちも自覚し、管理職にも相談しながら、心穏やかにかかわり続けられるようにしましょう。保育者自身は揺さぶられすぎないようにしつつ、揺れている保護者の手は離さず、つながり続けるような意識でかかわりを続けます。

ワンポイントアドバイス

大嵐の時期です。保育者も目の前の保護者の言動に流されないように、管理職にも相談しながら落ち着いてかかわり続けましょう！

保護者の気持ちに流されないように、保育者自身の気持ちを自覚する

　保育者が「いかり」となるためには、保育者自身の感情について敏感であることが必要です。例えば、保護者が子どもに厳しくあたっている姿を見て、保育者はどのように感じるでしょうか？　「子どもがかわいそう」「親なんだから、子どもの障害を早く認めるべき」など、一人ひとりの保育者の中にさまざまな感情があると思います。こうした保育者自身の感情に無自覚のままでいると、保育者の言葉や態度に、保護者への批判や否定がにじみ出ていることに気がつかないままで、保護者とかかわってしまうことになります。そうすると、**保護者は保育者の言動から自分自身が批判されていると感じ、保育者に安心して自分の悩みや苦しさを見せることができなくなってしまいます。**

　また、保護者の葛藤にふれることで、「子どもにとってどうするのが一番よいのかわからなくなった」など、保育者自身も葛藤の渦に飲み込まれ、自分の保育に自信がもてなくなるかもしれません。

　まずは保育者自身がどのように感じているかという自分の感情に自覚的になりましょう。その中で、保育者自身が保護者に受容的にかかわることが難しいと感じた場合には、管理職にそれを伝え、周囲の力を借りて園全体で保護者を支えていくようにしましょう。保育者が自信を失いかけているときには、自分がなんとかしなければと抱え込まず、一度深呼吸をして、広い視野や長い目でその親子を見守っていきましょう。

PROCESS
3

保護者の
葛藤を
目の当たり
にする

管理職に状況を報告し、専門機関の紹介を検討する

身近な専門機関を調べ、管理職につなぐ

保護者の話を聴いていくと、保護者から受診したいけれど悩んでいるということや、どこに相談にいったらよいのかわからないという話が出てくることがあります。その場合には、どのような専門機関があるか管理職にも相談してみてから回答することを伝えます。また、必要であれば管理職を交えた面談を行うことも提案しましょう。

保護者はこの時期には不安定な状況にあり、自身では適切な専門機関の情報を検索しにくくなっている場合もあります。**道しるべとなる具体的な情報を提供できるよう、日ごろから園の所在地周辺の関係機関について情報収集し、どういったところで相談可能か管理職とともに確認しておきましょう。**実際にどういった専門機関を紹介するとよいかは、管理職と相談し、**管理職のかかわり②**（P.80参照）にあるように、管理職から紹介してもらうとよいでしょう。

ワンポイントアドバイス

保護者の悩みに合わせて、管理職から適切な専門機関等を紹介してもらえるように相談しましょう！

保護者が専門機関等を受診したあとは、保育者から声をかけて気持ちを聴く

　保護者が専門機関に連絡する様子であった場合には、連絡の結果どのような話になったか聞きましょう。その際には、保護者自身のことも気にかけていること、園でできることがあれば協力したいと考えていることなどを伝えます。

　保護者から専門機関等を受診する日について教えてもらった場合は、その日の前後の保護者の様子にいつも以上に気を配り、**直前に不安そうな様子が見られた場合には、どのような結果であっても一緒に受け止めていく姿勢を伝えておきましょう。**

　受診後には必ず保育者のほうから声をかけ、保護者の気持ちも含めて心配していることを伝えていきましょう。そのときに保護者がショックを受けている様子がある場合には、別室でゆっくりと気持ちを吐き出せる時間を作るなどして、保護者のメンタル面のフォローも意識しましょう。このあたりは担任一人ではなく、管理職に積極的にフォローしてもらいましょう。

PROCESS
3

保護者の
葛藤を
目の当たり
にする

担任一人に任せず、保護者と直接かかわる

担任が精神的に追い詰められないようにフォローする

この時期の保護者は精神的に不安定であり、担任等の身近な保育者に対しても無理な要求をしたり、厳しい態度を見せたりする場合があります。また、その時々で子どもの「障害」を認めるような言動をしたり、それを拒否するような言動をしたりと、保護者の態度に一貫性がないように見え、**保育者が保護者を受容することが難しくなることもあります。**

そのため、担任一人に対応を任せると、担任も精神的に追い詰められてしまう場合があります。担任が船の「いかり」だとすると、その「いかり」が PROCESS 3 で巻き起こる嵐によって流されてしまうことがないよう、管理職は園という地盤を強固なものとしていきましょう。

そのためには、管理職が担任の不安や葛藤を傾聴したり、一人で保護者と対峙しなくてもいいように担任と保護者の間をつないだり、管理職自ら直接保護者とかかわったりしていきます。

また、これらの方針を園の職員全体に共有していくのも、管理職の役割です。それぞれの保育者が保護者の言動を目の当たりにすることで、その保護者に対して「良い」「悪い」と評価してしまったり、子どもにとって不適切と思われるかかわりをしている場面を見ることで、保護者に対して否定的な感情をもってしまったりすることがあります。これらは、保育者が子どもを大事に思うがゆえの反応であるため、保育者の思いを受け止めつつも、すべての保育者が保護者の言動の奥にある葛藤に目を向け、それを受け止められるように繰り返し伝えていきましょう。

管理職も保護者に積極的にかかわり、
保護者の葛藤を受け止める

　保護者の感情や言動の不安定さが見られたときには、管理職も保護者に対して積極的にかかわっていきましょう。園や担任への不満として保護者の感情が表出されたときには、それを単なるクレームとしてとらえずに、その奥にある保護者の不安や葛藤を聴き取り、共感していきます。**表に見える保護者の言動ではなく、その行動に至る気持ちを想像したり、聴いたりすることが重要です。**

　また、保護者の言動に一貫性がないように見えるときは、**それほど保護者の気持ちが大きく揺れ動いている**ということです。どちらが保護者の本音なのかといえば、どちらも本音です。表面的な言動に振り回されるのではなく、葛藤し悩んでいるという保護者の思いに共感しながら、保護者の話を受け止めていきましょう。

PROCESS
3

保護者の
葛藤を
目の当たり
にする

りょうを特別扱い
しないでください

ほかの子と遊べるように、
もっと声をかけたり
してください

ワンポイントアドバイス

保護者の言動の奥にある葛藤や不安に耳を傾け、
受け止めていきましょう！

保護者に
具体的な専門機関
を助言する

保護者が具体的な情報を得られるよう、パンフレットなどを用意する

　園では常に、子育てや子どもの発達に関する相談ができる機関などのパンフレットやポスターを保護者の目に留まりやすいところに掲示しておきましょう。また、障害に関するパンフレットや本の貸し出しなどのコーナーを用意しておき、**保護者自ら情報を手に取りやすいようにしておく**のも一つの方法です。周囲の目が気にならずに手に取れるようなところにあると、よりよいでしょう。

　保護者から「子どもの発達が心配」という話があれば、管理職からパンフレットなどを直接渡すのもよいでしょう。担任から、保護者が専門機関に関する情報を探しているという情報共有があった場合にも同様です。特に相談先については、保護者が情報を知らずに困っていることも多いので、第3章を参考に**近隣の相談機関の情報を得ておき、いくつかの選択肢をいつでも提示できるよう**にしておきましょう。

ここでは実際のお子さんの
姿を見てもらった上で
相談ができるみたいですよ

保護者が自ら選んで
一歩踏み出せるように支援する

　ここで大事なことは、保護者に「行きなさい」と促すことではなく、**保護者自身の自己決定をサポートすること**です。相談に行きたいかどうか、行くならどういったところに相談に行きたいか、保護者が決められるように一緒に悩みながら、考えていきましょう。

　保護者との関係性や、保護者の状況によっては、管理職が直接相談先に連絡をとって保護者とつないだり、相談に同行したりすることも検討しましょう。例えば、外国にルーツのある保護者や、精神的に不安定な保護者の場合には、一人で相談に行くことに不安を抱え、いざ相談に行く日に動けなくなってしまったり、相談時にうまく状況を伝えられずに、適切に相談ができなかったりすることも考えられます。この場合も保護者が選択できるよう、管理職からは「一緒に相談に行くこともできますよ」などと声をかけ、保護者の反応をうかがいましょう。

　管理職や園の職員が同行するのは難しいという場合には、相談に行く前に管理職から専門機関に連絡し、園での子どもの様子を直接伝えることも検討します。この場合も、保護者に対して、希望があればそういったこともできることを伝え、意向を確認しましょう。保護者の同意が得られれば、園から直接専門機関に子どもの様子などを伝えておくことで、保護者が相談に行った際にもスムーズに話を進めていくことができます。

　保護者自身が自己決定できるように意識しつつも、一歩踏み出す勇気が出ない保護者にはその最初の半歩を保育者が手伝うことで、その先の一歩を自分から踏み出せるようになることがあります。保護者の様子を見ながら、どこをサポートするとよいか考えていきましょう。

PROCESS
3

保護者の
葛藤を
目の当たり
にする

 **こんなときどうする？**

 **Q** 保護者がドクターショッピングをやめられなく なっているようです……

A 保護者の葛藤を受け止めつつ、「子どものため」に必要なことを一緒に考えましょう

　保護者が専門機関に相談に行ったあと、そこでの説明に納得がいかず、次々とさまざまな専門機関に相談するようになることがあります。特に医療機関を次から次へと受診する状態を「ドクターショッピング」といいます。

　この行動も、保護者の葛藤の表れといえます。医師から告げられた子どもの「障害」や対応の方針などを保護者が受け入れにくかったことで、自分の受け入れられる答えに出会えるまで行動し続けるのです。

　保育者は保護者の行動に目がいき、現実から目を背けているように思ってしまうかもしれません。保護者にとってそれほど影響が大きい出来事であることを理解し、保護者の葛藤を受け止めるように意識しましょう。また、保育者としては**子どもに「障害」があるかないかはあまり重要ではなく、それよりもその子が何に困っているのか、何があればより過ごしやすくなるか、育ちやすくなるかを一緒に考えていきたいことを伝えていきましょう。**

 **Q** 専門機関に行っているようですが、そのことを
保育者に話してくれません

 **A** 話そうとしない理由を考え、保護者の
信頼を得られるよう努めましょう

　相談機関に行っているような様子は見られるものの、「ちょっと用事があるので……」と、詳細を隠しているようであったり、どこに行っているのかを保育者に気づかれないようにしたりする保護者もいます。また、受診後にその結果を園に伝えないこともあるでしょう。

　伝えない理由はいくつか考えられますが、一つは園に伝えることで保護者と子どもにとってよくない影響があると心配していることが考えられます。例えば、障害が判明することで退園を迫られるのではないかという心配をしている保護者もいます。園として、障害のある子どもに対して排除的な姿勢になっていないか、どの子どもも受け入れる園組織になっているかを見直し、そうした園の姿勢が保護者全体に伝わるような工夫も検討してみましょう。

　ほかにも、保護者自身が障害に対して否定的に捉えていることで、周囲に隠したい気持ちが強くなっている可能性があります。**PROCESS 4** でも示すように、保護者はたとえ子どもに「障害」があるという診断を受けたとしても、その「障害」を心の底から受け入れるというわけではありません。「障害」を否定したい気持ちや、子どもの育ちを信じたい気持ちが保護者にあることを理解しておきましょう。

　その上で、保育者が子どもの困りをより深く理解し、子どものためにできることを考えていきたいと思っていることを繰り返し伝え、保育者以外の専門職の力を借りられることでそれがより行いやすくなることを説明していきましょう。

2 子どもへの不適切な対応が見られたらどうする？

保護者の気持ち①

「障害」に対する葛藤が子どもへの不適切な行動につながる

保護者はこの時期、「障害」を疑う一方で、それに対してかなり強く反発し、「否定したい」「拒否したい」と感じます。それにより、実際の子どもの姿がどうか、子どもに対してどうすればよいかではなく、子どもの「障害」らしき部分を「なくしたい」「治したい」という気持ちにかられることがあ

ります。**子ども自身ではなく、「障害」に強くとらわれている状態**といえます。

それゆえ、保護者はわが子のほかの子どもとの違いに過剰に反応し、できないことを無理にやらせようとしたり、逆に障害の特性と思われるような行動を強引にやめさせようとしたりします。それがエスカレートすると、怒鳴りつけるなどの心理的虐待、叩くなどの身体的虐待にまで及んでしまうことがあります。**PROCESS 3**の冒頭のマンガにあるように、今まで以上に子どもに対して厳しい態度が見られることもあるでしょう。

ワンポイントアドバイス

保護者が「障害」に対して強い抵抗や葛藤を感じることがあると理解しておきましょう！

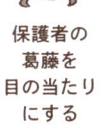

保護者の気持ち②

園に対しても、子どもにとって不適切な対応を求める

園に対しても、保護者から「ほかの子と同じようにさせてください」など、その子どもにとっては不適切と思えるような要求がなされることもあります。

例えば、まだ排泄の自立が難しく、これまで園でも家庭でもオムツで過ごしていた子どもに対して「家でもトイレでできるようにパンツにしているので、園でもそうしてください」と言われることがあります。さらに、その結果パンツを汚すことが増え、それを見た保護者がお迎えのときに子どもを強く叱りつけ、保育者に対しても「失敗する前にトイレに連れて行ってほしい」と迫ることがあります。そのような状況で、以前よりも子どもの情緒が不安定になり、園でもパニックになることが増えたり、他害や自傷といった行動が増えたりするといった子どもの様子の変化が見られる場合もあります。

保護者のこのような言動は、「いつまでもオムツが外れなかったらどうしよう」「オムツのままだと小学校に行けないかもしれない」などの焦りや不安からきているといえます。そのため、**保護者の言動よりも、言動の奥にあるこうした焦りや不安と向き合うこと**が求められます。

どうしよう…

ほかの子と同じようにさせてください

085

管理職に報告し、保護者には冷静にかかわる

子どもと保護者の様子を丁寧に観察し、管理職と共有する

保護者の子どもへのかかわりが不適切だと感じた場合には、まずは管理職に報告し、対応について相談をしましょう。特に子どもに対して保護者が厳しくあたっている場合には、家庭でマルトリートメント*や虐待と判断される状況が生じている場合もあり、慎重に検討する必要があります。

保護者を疑うわけではありませんが、念のため**子どもに傷やあざなどがないか、食事の状況や衣服の様子などにこれまでとの変化がないか**など、子どもの様子も丁寧に観察しておきましょう。同時に保護者の様子も観察し、**いつも以上に暗い表情をしている、イライラしている、身なりに気をつかわなくなった**など、保護者の変化が起きていないかも確認しておきます。

状況によっては関係機関への情報共有などが必要になるため、管理職と密に情報を共有し、園としてその都度協議しながら対応を行っていきましょう。

＊マルトリートメント：日本語では「不適切なかかわり」や「避けるべき子育て」などと訳されます。児童虐待よりも広い概念であり、大人が気分に任せて一貫しない態度をとることや、長時間スマホなどで動画を視聴させることなどもマルトリートメントに含まれるとされています。

保護者を批判せずに、葛藤を理解する

　保護者の子どもに対する行動に対して疑問を感じたり、保育者に向けられた無理な要求に不満を感じたりする場合には、そのような要求や行動をする保護者の気持ちのほうに注目して捉えることが重要です。**PROCESS 3** においては、保護者の行動の背景に、強い不安や焦り、「障害」への拒否感などがあります。そのため、**一面的に見ると子どものための行動ではないように見える態度でも、そこには子どものことを考えるがゆえの葛藤や悩みがある**といえます。そうした保護者の悩みや葛藤を想像しながら、保護者自身の考えや思いに耳を傾けるようにしましょう。

　担任は、子どものことを思うからこそ、保護者に早く「障害」を受け入れてもらいたい気持ちにかられますが、それは保育者が思う以上に簡単なことではないのです。特に保護者は将来にわたってわが子とかかわっていくことになります。親としてその先長くその子とかかわり続けることに対する責任や不安は、保育者の想像を超えるものかもしれません。

　保育者自身が保護者に対して不満を感じていると、その不満が保護者に伝わり、ここまで築いてきたよい関係が崩れてしまうことがあります。保育者自身の感情を整えるためにも、保護者と子どもの様子を管理職と随時共有し、冷静に対応できるようにサポートを依頼しましょう。

保護者との関係もふまえて子どもへのかかわりを検討・実践する

保護者のニーズもふまえつつ、子どもに対して園でできることを考える

保護者が子どもに対して不適切な対応をしたり、園に対して過度な要求をしたりする場合には、まずその要求の意図を丁寧に聞き取りましょう。先に挙げたトイレの例では、「いつまでもオムツが外れなかったらどうしよう」「オムツのままだと小学校に行けないかもしれない」という保護者の不安が行動につながっている可能性を示しました。保護者の対応や要求に対して「NO」というのではなく、このように「子どもにどんなふうに育ってほしいのか」「子どもの何を心配しているのか」を聞き取り、それに対して今、園の中で何ができるのかを一緒に考えていきましょう。

子どもは一足飛びに成長するわけではありません。保育者は保護者が願う子どもの姿に向かっていくために、どこからどのように子どもにかかわっていけばよいかをともに考え、できることから実践し、その様子を伝えていきましょう。

ワンポイントアドバイス

保護者も保育者も、子どものことを考えるからこそ悩んでいます。共通する思いを大事に子どもへのかかわりを考えていきましょう！

子どもに不安定さが見られる場合には、
子どもが園では安心して過ごせるようかかわる

　子どもが園で情緒が不安定な様子を見せる場合もあります。例えば、これまでになくパニックを起こすことが増えたり、物を壊したり、ほかの子どもに危害を加えようとしたり、自分を傷つけたりする行動が見られたりします。もともと「気になる子」であるために、以前からそうした行動が見られる場合はありますが、それらの頻度が増えたり、激しくなったりということで、保育者は子どもの不安定さを感じ取るでしょう。

　そうした場合、家庭での不適切なかかわりが背景にある可能性はありますが、担任としては園の中で子どもが十分に甘えられる機会をつくったり、安心して遊べる環境を用意したりするなど、子どもに対する園でのかかわりをより丁寧に行っていきましょう。

　PROCESS 3は保護者にとっても子どもにとっても、そして保育者にとっても苦しい時期だからこそ、互いに責め合うのではなく、手を取り合って支え合い、この難局を乗り越えていきたいものです。

PROCESS
3

保護者の
葛藤を
目の当たり
にする

子どもへの支援の
フォローも
検討する

子どもへの支援を手厚くし、担任をフォローする

　子どもの情緒が不安定になっていると、これまで以上に園での子どもへの対応が難しくなります。例えば、自傷やパニックが頻繁に起これば、その都度その子どもへの対応が必要になり、その間それ以外の子どもたちへの保育が行いにくくなってしまいます。また、他害などがあれば、ほかの子どもへの影響もあるため、保育者はトラブルを起こさないように監視するようなかかわりになってしまうことがあります。いつトラブルやパニックが起こるか、四六時中ドキドキしながら保育をするようになっていくと、子どもだけではなく、保育者への精神的負担も高まります。

　管理職は、保育者から子どもの日々の様子を聴いたり、自ら積極的に子どもの様子を観察しながら、必要に応じて子どもへの支援のフォローを行いましょう。管理職自身が動ける場合には、クラスに直接サポートに入ることや、子どもが事務所や職員室等で少しほっとしながら過ごせるよう、そうしたスペースや時間を設けたりします。そうすることで、子どもと保育者の緊張状態を緩和できるように心がけます。管理職自身が動けない場合には、フリーの保育者がそのクラスのフォローに入れるように職員の配置を工夫することも検討します。

　さらに、子どもがトラブル等を起こす状況を複数の職員で検討し、なぜトラブルになるのか、その背景を考えてみましょう。できる場合には、トラブルになる原因や、その子ども自身が情緒的に不安定になる場面を減らし、トラブルそのものの回数が減るように考えます。また、担任が子どもと二人でじっくり遊べる時間を確保できるようにほかの保育者がフォローに入り、子ども自身が安全・安心の感覚を取り戻せるよう、組織的に支援を行います。

「障害かどうか」→「子どものため」へのシフトチェンジを図る

　担任保育者のかかわり①で担任は保護者を批判しないようにすると説明しましたが、管理職は担任よりももう一歩踏み込んだ支援をしていきたいところです。それは、保護者が「障害」にとらわれていることに気づき、「障害」ではなく目の前の子どものニーズとその子のためにできることへと視点を切り替えてもらえるようなかかわりです。

　例えば、「わが子が集団の中に入れるようにしてほしい」とこだわる保護者に対しては、その子が集団の中に入らない理由は何かを管理職が代弁していきます。そして、担任はその子自身がほかの子どもとのつながりをもちたいと思えるように、好きな遊びや得意なことを通してほかの子どもとのかかわりをつむごうとしていることや、それがその次の段階として、集団の中に入りたい気持ちにつながっていくことなど、担任の現在行っているかかわりとその意図を管理職から伝えます。保育者は、今のその子にとっては、無理に集団の中に一緒にいさせようとすることで、みんなの中にいることが嫌だと感じてしまうことを危惧していて、その子自身が集団の中にいることを心地よいと感じ、その中にいたいと思えるように願っていること、つまり担任等も「集団の中に入れること」を目指しているのだという解説を管理職からしていきます。==障害であろうがなかろうが、その子の幸せを願っていることは保育者も保護者も一緒だということ==を伝えていきましょう。

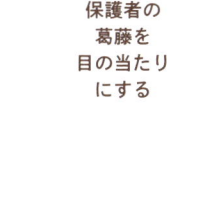

PROCESS
3

保護者の葛藤を目の当たりにする

ワンポイントアドバイス

「子どもにとってどうすることがよいのか」について、保護者と一緒に繰り返し考えていきましょう！

深刻化した際の対応をチェックする

保護者や子どもの様子の変化を意識して観察する

　保護者が追い詰められていくことで、子どもに対して心理的虐待や身体的虐待を行ってしまうことがあります。園の中ではそうした言動を見せなくても、家庭の中でそのような状況に陥ってしまっている可能性もあります。家族間の認識のズレから、家族のメンバーの誰かが虐待的対応をしており、周囲が困っていたり、悩んでいたりすることも考えられます。

　管理職は、**園の送迎時に保護者の表情や子どもへのかかわり方を観察したり、連絡帳等の内容や書きぶりを意識的に確認したりする**ことで、保護者の状態に意識を向けておきましょう。園での子どもの変化も気づきのポイントになるため、担任や親子にかかわる可能性が高い保育者には、子どもや保護者の様子をこまめに報告するように伝えておきましょう。

　これは、子どもを守るためであり、加害者を見つけ出して責めるためではありません。一方的に保護者を加害者として疑うような目で見ないように気をつけましょう。保護者自身の葛藤やつらさが子どもに向いてしまっていることに早めに気づき、親子にとってつらい状態を緩和することを意識します。

ワンポイントアドバイス

保護者を責めるためではなく、保護者の葛藤やつらさに気づくためにも、保護者と子どもの様子を丁寧に観察しましょう！

虐待の兆候があった場合には、関係機関に情報共有・相談する

　万が一、あざが見られたり、子どもの状態が不安定になったりする場合には、その様子を詳細に記録しておきましょう。あざや傷などが見られる場合には、写真などを撮っておくようにします。

　ただし、すぐに子どもの状態の変化を家庭の問題と決めつけてかからないよう注意が必要です。例えば、よく動く子どもの場合には、転んでけがをしたり、高いところにのぼって落ちてあざを作ったりしやすいのも事実です。また、自分で自分の腕を噛んでしまうような自傷行為を行う子どももいます。園での様子と合わせてよく観察しながら、けがや自傷行為などが見られる場合には、管理職から関係機関に情報共有したり相談したりすることで、**第三者の目から確認してもらう**ようにしましょう。

　園だけで抱え込まずに、親子にかかわる人を増やし、複数の視点でその親子を見守る体制を整えるために、情報共有を行いましょう。

こんなときどうする？

Q 保護者から「家では厳しく言えばできるので、園では先生が優しすぎるのではないですか？」と責められました

A 管理職が間に入り、保護者と保育者の思いの共通点をもとに具体的方法を探しましょう

　子どもに合わせた対応をしているつもりでも、保護者から「子どもを甘やかさないで、嫌がっても厳しくやらせて」と要求されることがあります。時に、家庭の中で厳しく言い聞かせたことで、子どもも家の中では保護者の言うことを聞くようになることがあり、園で同じようにできないのは保育者の力量不足であるように感じられてしまうのです。

　担任に対する不満のように言われてしまうと、担任だけで受け止めるのは難しいです。そのため、**積極的に管理職が介入し、保護者がどのような願いをもっているのかを聞き取りましょう。**保護者は「子どもが将来困らないように」「子どもにもっとよく育ってほしい」と願っているからこそ、園に要求していると考えられます。そうした子どもへの思いは保育者も同じですので、**その思いを共有しつつ、それを具体的にする方法について対話を重ねていきましょう。**

　家庭でうまくいった方法があれば教えてもらいながら、園という場で何ができるか、何を大事に子どもにかかわっていくかを考えて、保護者とともに悩んでいきましょう。

Q 保育者が見ている前で、保護者が子どもを叩いて怒っていました

A 保護者を気遣い、ゆっくりと話ができる時間を確保しましょう

保護者の葛藤を目の当たりにする

　お迎えの時間になかなか言うことを聞かない子どもを見かねて、保護者が大声で暴言を吐いたり、子どもを叩いたりする場面を保育者が目撃することがあります。保育者としてはショックな場面で、動揺してしまうこともありますが、一度深呼吸をしてから、子どももしくは保護者に声をかけてみましょう。

　例えば、子どもの様子から気持ちが想像できるときには、「まだ遊びたかったのかな。もう長い時間お母さん待ってくれてるから、靴履こうね」など、互いの気持ちを代弁しながら、間をつなぐこともできるでしょう。また、保護者と話ができる関係ができているのであれば、「どうしましたか？　Aくんがなかなか帰らなくて困っていたのですね。先に気がつかなくてすみません。今日は急いでいらっしゃいますか？　もしよければ、少しお茶でも飲まれませんか？」などと、保護者に直接声をかけてみてもよいでしょう。

　その場でゆっくり話が聴けたときには聴いた内容を、その場で対応できなかったり、保護者が話をすることを拒否したりした場合にはその場面の子どもと保護者の様子を、その場にいなかった関係職員にできるだけ早く報告・共有しましょう。その上で、管理職を中心にこのあとの対応を具体的に協議し、実践していきましょう。

コラム 発達障害と虐待との関係

●発達障害による育てにくさが保護者に与えるストレスの大きさ

　発達障害のある子どもの場合には、障害による育てにくさによる保護者のストレスの大きさが多数報告されています。のちに発達障害と診断された子どもの乳児期には、例えば、感覚過敏によって抱っこされるのを嫌がったり、授乳がうまくいかなかったり、子どもが夜寝つけないために毎晩ドライブに連れて行ったりと、幼い頃から子育てが難しかったエピソードが報告されています。また、視線を合わせて微笑み合うような反応が少ない子どももおり、保護者が子どものことをかわいいと思いにくい場合もあります。2歳くらいになると、ちょっとしたことでかんしゃくを起こしたり、手を振り払って勝手に走って行ってしまったりと、一緒に外出することも大変であったことが語られることもあります。

　一方で、一人遊びが多く、育てにくさを感じることはなかったという場合もあります。しかし、その場合も逆に保護者に対してのアタッチメント行動が少なく（例えば、保護者と離れるときにまったく嫌がらない、保護者が迎えに来ても自分から寄っていくことがないなど）、子どもがどの大人に対しても同じようにかかわることから、保護者が親としての自信をもちにくいこともあります。

　また、PROCESS 3で述べてきたように、発達障害の場合、障害かどうかわからない状態が長く続くことによる葛藤が激しく、それが保護者のストレスにつながっているといえます。

●発達障害が先か、虐待が先かはわかりにくい

このような日々を過ごしていると、保護者が子どものことを愛おしく思えなくなってしまい、それが結果的に虐待につながってしまうことがあります。一方、子どもがマルトリートメントや虐待を受けることによって、かんしゃくを起こしたり多動になったりと発達障害と似たような行動を示すようになることもあります。

どちらも子どもが示す行動の特徴は似ており、保護者の子どもへのかかわりも「虐待」や「マルトリートメント」といわれる状態になっています。そうなると、もともと発達障害による育てにくさから虐待をしてしまうようになったのか、子どもが虐待を受けてきたことで発達障害に似た症状を示すようになったのかの区別は難しくなります。

保育者がかかわる場合には、厳密にどちらかに区別することは必要ではなく、どちらの可能性もふまえてかかわっていくことが重要です。現時点で保護者が虐待やマルトリートメントを行っている場合には、ほかの専門機関と連携し、園のみで抱え込まないようにしましょう。ただ、どちらの場合であっても、保護者がそうした言動を行うに至った背景があります。言動ではなく、保護者の言動の背景や思いに想像を巡らせることで、受容・共感ができるよう検討していきましょう。

子どもに対しては、どちらの場合にも一番に意識すべきことは、子どもにとって安全・安心と思える場や人との関係を園の中で作っていくことです。難しい状況にはなりますが、それらを基本としてかかわっていきましょう。

PROCESS
3

保護者の
葛藤を
目の当たり
にする

保護者から
子どもに対する
支援を求められる

**よく見られる
保護者の姿**

- 園での子どもの様子を詳しく聞いて、積極的に子どもの支援を求める
- 家庭でも子どもへの支援を積極的に行う
- さまざまな勉強会に参加し、専門的な知識を得る
- 子どもに厳しく接したり、いろいろなことをさせすぎたりしてしまう

保護者が「子どものため」に最大限行動する時期

PROCESS 4 では、保護者が子どもの障害の診断を受けたり、発達障害等の特性があることを認識したりすることで、子どものためにできることをしようと積極的に行動するようになります。

その一方で、障害への抵抗感はもち続けているため、子どものできないことを目の当たりにすると落胆したり、子どもへのよりよい対応について学んでも、そのように振る舞えない自分を責めたりすることがあります。保育者としては、保護者と同じ方向を向いて支援をしていきやすくなりますが、引き続き保護者の葛藤を理解し、一緒に子どもを育てていく伴走者となることを意識しましょう。

PROCESS 4

保護者から
子どもに
対する
支援を
求められる

支援のポイント ◎)))

- 🔸 保護者と園がともに子どものニーズについて話し合い、具体的な支援を検討する
- 🔸 子どものニーズを理解する人を増やす
- 🔸 保護者の葛藤を理解し、受容しながら、保護者を支える

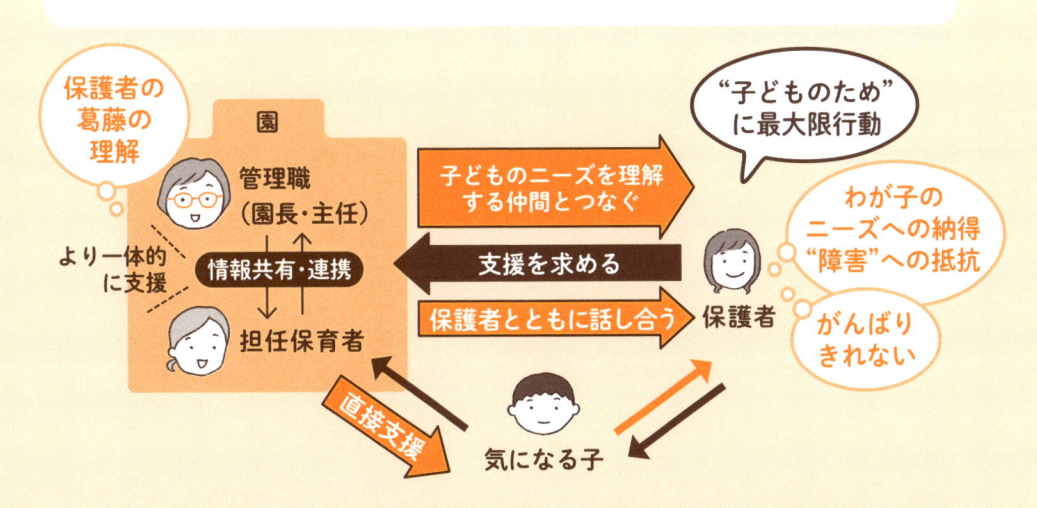

保護者の気持ち

「子どものため」モードに切り替わる

保護者自身の葛藤を押しやり、子どものためにすべきことを優先する

PROCESS 3 では、保護者が「障害かどうか」ということにとらわれていましたが、PROCESS 4 では「障害かどうかよりも、子どものためにできることをやろう」と保護者の気持ちが切り替わります。

このきっかけになるのが、明確な障害の診断である場合もあれば、周囲からの「子どものためにできることを一緒に考えよう」というメッセージである場合もあります。そのため、このモードの切り替えにおいては、障害の診断は必ずしも必要ではありません。いずれも保護者が障害への抵抗や葛藤という自身の感情ではなく、子どものことを第一に考えようと思えることが重要です。

また、子どもの姿や行動を目の当たりにしていく中で、子どもには特別なニーズがあり、それに応じた適切な支援や環境があることで子どもが育っていくことを実感できることも大切です。子どもの育ちへのあきらめではなく、わが子にもっとできることがあると思えるからこそ、さらに行動していけるのです。

親としてできることはなんでもやろうと積極的に動き出す

　子どものためにできることをやろうと思うことで、保護者は自分からいろいろなことを調べたり、学んだりして、積極的に子どもへの支援について検討し、周囲にも支援を求めるようになります。子どもの育ちによい影響がありそうな療育機関を自分自身で探し出し、複数の機関を活用するようになる保護者もいます。

　また、園の中でも子どものためにできることをしてほしいという思いから、**園での様子を積極的に保育者に尋ねたり、場合によっては園でどのように子どもにかかわってほしいかを具体的に伝えたりする**ようになります。しかし、保護者は園の実態を詳細に理解しているわけではありません。「子どものために」と思うからこそ、園の実態が見えなくなることもありますので、その点は保育者と保護者の対話の中で最大限できるところを探っていきます。同様に、「子どものために」が募りすぎて、保護者が子ども本人の気持ちをわからなくなってしまうこともあります。保育者が子どもの代弁者として、子どもの声にも耳を傾けていきましょう。

　また、自分のように苦しむ人を減らしたいと考え、周囲への啓発や理解を求める活動などに取り組む保護者もいるでしょう。

りょうは、園ではどんな様子ですか？

さまざまな情報を
収集し、整理する

　保護者が子どものためにできることを積極的にしたいと考えているため、保護者と手を取り合って、園の中での支援を具体的に考えていきましょう。その際、子どもがかかわっている園外の専門機関等との連携もより重要となります。

　PROCESS 4 からは、担任と管理職がより一体的に動いていくことが求められるため、基本的には担任と管理職がともに動くものとして説明していきます。その中で、どちらかが中心になる場合には、本文の中で説明を加えています。

りょうくんのお母さんから
絵カードを使ってほしいと
言われたのですが……

どういうものか、
詳しく聞いてみましょう。
ご両親や療育のスタッフの方と
お話しできる機会を
設定しますね

保護者と園での様子を共有し、
家庭での様子も聞き取る

　保護者も園での様子をより詳しく知りたいと思っているため、保育者から積極的に園での子どもの姿を伝え、家庭での様子も丁寧に聴き取っていきましょう。

ほかの専門機関からも積極的に情報を集め、
個別の支援計画を活用して整理する

　また、並行して療育等を利用したり、専門機関等に相談に行ったりすることも増えるため、関係する各機関での子どもに関する情報を保護者から得る必要があります。ただ、情報共有や連絡調整の役割を保護者に頼りすぎると保護者自身が疲弊してしまうことがあります。保護者の同意を得た上で、関係機関に直接連絡をとるなど、保育者から積極的に情報共有することも検討しましょう。また、保育所等訪問支援を利用して、児童発達支援センター等の職員に園に来てもらい、園での子どもの姿を直接見てもらった上で異なる視点からの意見をもらうことも可能です。

　他機関との連絡調整は担任一人では難しいため、できるだけ管理職が担い、実際の関係機関との情報共有や意見交換には担任も参加できるようにしましょう。他機関から得た子どもの情報は、子どもをより深くアセスメントし、園の中で支援を検討する材料になります。さまざまな情報によって混乱しないよう、個別の支援計画（P.131参照）等を活用し、情報の集約や整理を行いましょう。

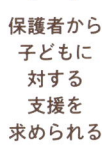

PROCESS
4

保護者から
子どもに
対する
支援を
求められる

園でできる支援を
保護者とともに
考える

子どもの理解を深め、個別の指導計画を作成する

　ここまでに得た情報を整理し、子どもの理解を深め、園で行う支援について検討しましょう。より具体的に考えるために、個別の指導計画（P.132参照）を活用するとよいでしょう。個別の指導計画の作成においては、個別の支援計画等で整理した情報や、ほかの専門職の視点なども活用しつつ、子どものアセスメントに基づいて園の中での具体的な支援を考えることが重要です。

　個別の指導計画を作成する会議には、保護者に同席してもらったり、保育者が作成した指導計画案を保護者に見せ、意見をもらったりして、保護者と一緒に作成していくようにします。さらに望ましいのは、子ども自身の声を聴くことです。子どもの発達に応じた子ども自身の参画についても検討しましょう（ コラム P.116参照）。

　並行して療育等にも通っている場合、療育の担当者などにも同席してもらうとよりよいでしょう。家庭・園・療育の三者で顔を合わせて話し合っていくことで、共通認識をもち、役割分担を検討することができます。その際、**家庭・園・療育といった子どものいる「場」の、それぞれの違いを意識しましょう**。家庭でできる支援が園で同じようにできるとは限らず、まったく同じように支援することが子どもにとってよいとも限りません。園は多様な子どもたちとともに育つ場だからこそできる経験があるので、そうした園の環境を活かして、子どもにどのような保育や支援を行っていくかを考えていきましょう。

　なお、園における子どもへの支援を考える際には、**ユニバーサルデザインと合理的配慮**（ コラム P.23参照）の二つの側面が必要です。個別に支援をするのみではなく、保育そのものを誰にとっても過ごしやすいものに変えていくという視点をもって、個別の指導計画の作成と同時に、クラスの指導計画や保育のあり方の見直しも検討しましょう。

支援を実施し、振り返る

　当然、個別の指導計画は作成したら終わりではありません。計画に基づき、実際に支援を実施します。実際に支援を行ったあとは、必ずその支援についての振り返りを行いましょう。支援による子どもへの影響や子どもの変化などを捉えることで、次の支援に活かしていくことができます。

　振り返りにおいては、実際に支援をした担任だけではなく、管理職もクラスや子どもの様子を観察し、複数の目で確認できるようにしましょう。毎日かかわる担任が気づきにくい変化を、管理職が捉えられることもあります。

　また、**保護者にも園での様子を見てもらったり、家庭での様子の変化を聞き取ったりする**ことで、ともに支援の振り返りをしましょう。そうすることで、保護者も子どもの育ちについて気がつきやすくなります。これらの振り返りの結果を、次の計画につなげていきます。

PROCESS
4

保護者から
子どもに
対する
支援を
求められる

こんなときどうする？

Q 保護者から個別の配慮を要望されるのですが、人手も足りず、そこまでできません

A 園の実情を伝えつつ、対話を重ねましょう。保育のあり方そのものを見直すと、実現可能になることも

　保護者が子どものためにできることをなんでもしていきたいと思うがゆえに、例えば園に対しても「保育者が子どもたちに話をするときには、誰か一人が子どものそばについて、説明を加えたり絵を見せたりして、話がわかるように支援してほしい」という、より具体的で個別的な配慮を依頼することがあるでしょう。これは、**PROCESS 3** のときの子どもにとって不適切な要求とは異なり、保育者自身も「この子のことを考えると確かにそうしてあげたい」と思う依頼ではあります。しかし、園の実情を考えると、実際に応えるのは難しいことがあります。

　この場合は、対話を重ねることが何より重要です。特に、保護者は園での様子を常に見ているわけではなく、**実際の園の様子を知らないからこそ、対応が不可能な依頼が出てくるといえます**。これも保育者と保護者で見ている景色が違うからこそ起きてくるのです。

　保育者は、「できない」ということを前提にはせず、園の状況を伝えた上で、どのようにすればできるか、どこまでならできるか……など、できることを探るための対話を行っていきましょう。

　ただ、**「不可能」と思える要求は、今の保育のあり方を見直す機会になることもあります**。「子どもの支援の考え方」（**コラム** P.23参照）も参考に、個別的な配慮だけではなく全体への保育自体を見直すことで、「無理」ではなくなる方向も検討していきましょう。

Q 保護者のほうが専門知識をもちすぎて、保育者がついていけません……

A 保護者から学ぶ姿勢をもち、一人ひとりの得意を活かしたチームになりましょう

保護者が子どものために積極的に動くようになると、障害に関するさまざまな本を読んだり、学習会や研修に参加したりと、徐々に保育者よりも保護者のほうがそれらについての専門的知識をもつようになることがあります。

それらで得た知識をもとに、さまざまな専門用語を使って保育者に話をするようになったり、それらを保育者も知っていて当然というように話をするようになったりすることもあるでしょう。

保育者は、「障害」に特化した専門職ではないことから、そうした保護者に圧倒されてしまったり、ついていけないような感覚を抱いてしまったりするかもしれません。

その場合には、保育者が保護者や子どもから学ばせてもらう姿勢でかかわりましょう。例えば、**保護者が知っていること、学んだことを教えてほしいと伝え、そこから学んでいきたいと伝えてみます**。一方で、保育者が得意なこと（例えば、遊びの展開、音楽活動など一人ひとりの保育者によっても異なる）を活かして、子どもと自信をもってかかわっていきましょう。保護者と保育者、そして保育者一人ひとりも得意なことが違うからこそ、子どもをより多面的に支えることができるチームになると思います。

がんばりきれないときの
保護者を支えるには？

保護者の気持ち①

「障害」を
受け入れたわけ
ではない

PROCESS 4 では、積極的に子どものために動いているように見える保護者ですが、決して「障害」を受け入れたとは限りません。「障害」の診断を明確に受けたことで、ショックを受けて泣き続けていたり、突如襲ってくる将来への不安に打ちのめされそうになっていたりするのも、この時期の保護者の姿です。前向きで積極的に動いているから保護者の支援は必要ないと考えるのではなく、**保護者が引き続き葛藤を抱えながら生活している**ことへの理解を忘れないでおきましょう。

　特に、**子どものできないことや苦手なことに直面したときには、PROCESS 4においても落ち込みます。**これまでのような何が原因かわからない中で不安になることとは異なりますが、子どもの特別なニーズを理解していたとしても、落ち込んだり、不安になったりすることに変わりはありません。

　また、保護者が積極的に行動する中で、ペアレント・トレーニングなどに出会い、親としての適切なかかわり方や望ましい姿勢などを学ぶことがあります。それによって子どもへのかかわり方がわかりやすくなる一方で、常にそのような適切なかかわりができるわけではなく、感情に任せて怒ってしまったり、わかっているのにできなかったりすることで、より落ち込むこともあります。

保護者の気持ち②

周囲の理解を あきらめてしまう

　保護者の理解が深まることで、周囲からは孤立してしまうこともあります。今までは子どもに「障害」があると考えていなかったため、周囲の人とも何気なく話ができたのに、**「障害」と理解した途端に、周囲の人と自分は違うと感じてしまって話せなくなってしまう**こともあります。また、家族の中で自分だけが理解している状況であれば、ほかの家族の適切ではないかかわりにイライラしてしまったり、子どもに対するかかわりの温度差に悲しくなったりして、孤立感を抱くこともあります。

　「障害」を適切に理解していない周囲の人に理解を求めようとがんばって行動してみても、うまく理解が得られなかったりすることで、そうした行動そのものをやめてしまうこともあるでしょう。

PROCESS

4

保護者から
子どもに
対する
支援を
求められる

障害なんて大げさじゃ
ないの

そのうちできるように
なるわよ

子どもの姿を誠実に伝えつつ、子どもの育ちを信じる姿勢を見せる

PROCESS 4 になると、保護者は自分の子どものニーズや苦手なことに気づいています。そのため、子どもができなかったことに過度に注目してしまう場合があります。

そのため、その子ができなかったことや難しかったことも誠実に伝えつつ、その子ならではのよさやおもしろさをポジティブに伝えていきましょう。**保育者は、「できた」「できない」という視点だけで見るのではなく、その子どもの違いをよさとして捉えていくことや、その子なりの成長を見つけていくこと**ができます。そうしたその子のよさや成長を保護者に伝え、その子の育ちを信じて見守り、保護者とともにかかわりを続けていきましょう。

今日りょうくんがブロックで
怪獣を作っていたら、
みんなが「すごい！」と集まってきて、
りょうくんもうれしそうでしたよ

担任保育者のかかわり②

保護者がゆとりをもてるような家庭でのかかわり方を一緒に考える

保護者は子どもにどのようにかかわるとよいかを知っていますが、知っていることと実際にできることは別です。特に、家庭の中で子どもとかかわる保護者は、保育者のように仕事として、限られた業務時間にかかわるわけではなく、自分のプライベートの時間をこの先もずっとその子とかかわっていくことになります。子どもとかかわるときの適切な方法やよりよい方法を知っていても、保護者自身が疲れていて思わずイライラしてしまったり、余裕がなくてわかっていてもできなかったりすることがあります。

保育者はそうした保護者の状況を理解し、**よりよくかかわることを求める前に保護者をねぎらうこと、保護者が保護者自身を大事にすること**に目を向けましょう。その上で、ゆとりをもって子どもとかかわるためにできることをともに考えていきましょう。長く続く子育てにおいては、一つうまくいっても、成長過程で問題が変わってくることもあります。保護者がこの先も長くその子とともに生活していくことをふまえ、息切れしないように支えていきましょう。

PROCESS
4

保護者から子どもに対する支援を求められる

ワンポイントアドバイス

子どもへの適切なかかわり方をわかっていても、できないときがあることに共感しながら、保護者が少しでも気持ちのゆとりをもてるように支えていきましょう！

似た経験をもつ保護者や同じ立場の保護者とつなぐ

この時期の保護者は孤立してしまうことがあるため、管理職は、それを防ぐことを考えていきましょう。例えば、園の中で同じように療育と並行通園している子どもがいれば、その保護者同士が何気なく話ができるような場や時間を設けたり、子育ての悩みについて話せるような時間を作ったりすることで、似たような経験や悩みのある保護者同士でつながれるよう意識して取り組みましょう。園の中で「発達が気になる子」の親の会のようなものを作り、先輩保護者から話が聞ける機会を用意しているところもあります。

各地域にも、**親の会やペアレント・メンター、ペアレント・トレーニングなど、同様の立場の保護者同士がかかわれる場**があります。そうした地域の資源についても情報を集めておき、保護者の様子に合わせて紹介してみてもよいでしょう。

管理職のかかわり②

保護者の気持ちや経験をほかの保護者や地域に伝えていく

保護者はここまでの自分自身の経験をふまえ、ほかの人が自分のような苦しい状況に陥ることがないように願うことがあります。それゆえ、自分自身の経験をほかの人に伝えることを希望したり、そうした機会への参加を呼びかけると、誘いにのってくれたりすることがあるでしょう。

PROCESS
4

保護者から子どもに対する支援を求められる

これは、園にいるほかの保護者によい影響をもたらす場合があります。例えば、PROCESS 3 の時期にいる保護者に対して、同じように悩んだ経験のある保護者として話をする機会を作るなど、**園の中で保護者同士をつなぐことで、両者の保護者がつながり合い、支え合える**場合があります。もちろん保護者同士の相性や、保護者自身が他者とのつながりを求めているかどうかなどによって異なるため、保護者のニーズの見極めが必要にはなります。

また、「地域にこういう場が必要ではないか」や、「こういうサポートがあればいいのに……」「こういう支援がほしい」など、その地域の課題を管理職に伝えてこられる場合もあるでしょう。園の管理職は、保護者と子どものプライバシーを守りながらも、こうした声を積極的に地域の関係者等に伝え、その地域全体がよりよく変わっていけるように働きかけていきましょう。

ワンポイントアドバイス

自分の経験をほかの人たちのために活かしてほしいと考えている保護者がいます。そうした保護者の声をほかの保護者や地域へと届けましょう！

 **こんなときどうする？**

 **Q** 保護者がたくさんの療育や習い事に通わせていて、子どもの負担になっているように見えます

 **A 保護者の願いを受け止め、「子どものため」にどうするのがよいかともに考えましょう**

「子どものためにできることはなんでも……」という思いから、複数の療育や習い事に通わせるようになる保護者もいます。**その背景には、子どものためにできることをしてあげたいという気持ち以外に、どこかでやはり「障害」をなくしたい、治したいという保護者の願いが潜んでいる**と感じます。そうした願いによる行動が子どもにとってよい影響を与える場合もありますし、そうではないように見えることもあるでしょう。

保育者は、子どもにとってよい影響になっていないと感じたときに、保護者の行動に疑問をもってしまいます。そうしたときには、一度立ち止まって、保護者の立場に立って考えてみましょう。保護者はどのような思いで、それぞれの療育等に通わせているのか、その思いを聞き取っていきましょう。その上で、保育者が子どもによい影響が出ていないと感じるような子どもの姿を具体的に伝え、ともに「子どものため」にはどうするのがよいか考えていきましょう。

例えば、午前中療育に行ってから園に来ると、子どもが疲れきっている様子で、園の活動にほとんど参加できないような状況の子どもがいます。その場合、「午後から園に来られる日は、お昼寝から起きても眠そうにしていることが多く、おやつもあまり食べなくて、どのようにしてあげると○○ちゃんにとっていいかなと私も悩んでいます。一度ご相談できませんか？」などと、アイメッセージを使いながら、保護者とゆっくり話をする時間を提案してみるのもよいでしょう。

Q サプリメントなどの科学的に効果が証明されていないような方法を信仰しているようです

A まずは保護者の気持ちを受け止めましょう。判断が難しい場合は、専門職に相談してみましょう

最近では、「発達障害に効く」などとしてさまざまなものが宣伝されていることがありますが、現時点では発達障害を根本的に治療する薬などはありません。科学的に効果が証明されていないものも、あたかも効果があるように謳われていることがあるのです。

保護者としては「子どものためにできることはなんでも……」という思いから、科学的根拠等を確認せずに、なんらかの方法を信じ込み、それを熱心に実施することもあるでしょう。

これも、それが子どもにとって悪い影響を与えていなければよいのですが、そうは見えない場合があります。ここでも保護者の思いが大切です。また、何が子どものためになるかは、おかれている状況や見えている景色によっても異なることがあります。

保育者は頭ごなしに否定せず、子どものためにできることをやりたいという保護者の気持ちを受け止めながら、繰り返し、子どもにとってどうすることがよいかをともに話し合っていきましょう。サプリメントのようなものの場合、**保育者だけではそれがよいかどうか判断ができないこともありますので、関係機関のほかの専門職などにも相談してみる**とよいでしょう。

PROCESS
4

保護者から
子どもに
対する
支援を
求められる

支援を考えるときに 子どもが参画できる方法を考えていこう

●子どもの意見表明権とは

　子どもの声を聴くことの重要性については、さまざまなところでいわれています。その根拠として、子どもの権利条約第12条に子どもの意見表明権が挙げられており、以下のように示されています。

　「締約国は、自己の意見を形成する能力のある児童がその児童に影響を及ぼすすべての事項について自由に自己の意見を表明する権利を確保する。この場合において、児童の意見は、その児童の年齢及び成熟度に従って相応に考慮されるものとする」

　乳幼児期の「自己の意見を形成する能力」をどのように考えるかは難しいところがありますが、子どもに関することを大人だけで決めることを当たり前にしないことが重要です。子どもの支援を考える際にも、できるだけ子どもの意見を聴き、子ども自身が意見を表明できるようにしていきましょう。

●子どもの意見を個別の支援計画や指導計画に反映する

　子どもは「言葉」だけで自分の意見を表明することは難しかったり、十分ではなかったりします。子どもの日々の行動や仕草などから、大人が子どもの意見をくみ取ろうとすること、その子どもがどういった方法でなら自分の思いを表現しやすいかを考えていくことが第一歩だといえるでしょう。大人がよかれと思ったことをするのではなく、子どもがどうしたいと考えているのか、どのように感じているのかを知ろうとすることを忘れないでおきましょう。

　例えば、行事への参加について、その子が大きい音が苦手だから参加しないほうがよいだろうと保育者が判断し、「参加しなくていいよ」と言うのは望ましくありません。子ども本人に大きい音がすることを事前に伝えたり、本人にとって可能な距離から実際に音を確認した上で参加したいかどうかを聞いたり、音が聞こえないようにイヤーマフをつけるなどの工夫をして参加する方法があることを説明したりして、子どもが選べるようにしていきましょう。

　さらに、個別の指導計画等を策定するときにも、本人の意思を反映したり、一緒に話し合いに参加してもらって意見を聴いたり、立てた計画について本人に説明し、同意を得て進めていったりするなど、一人ひとりの子どもの状況に合わせながらも、子どもの意見表明権を保障していきましょう。

第3章 ‥‥‥‥ 支援をつなぐために必要な視点

支援の輪をつくる

子どもと保護者を取り巻く人を増やす

「気になる子」への支援において、保育者自身がどのようにかかわればよいのかわからず困ってしまうことや、そのことから保護者のペースに合わせた支援が難しくなってしまうことがあります。第2章で述べてきたように、適切な支援を行うためにも担任のみで抱え込まず、園全体で共有しながら考えていくことが重要です。さらに、園だけで解決できないときには、**園の外にあるさまざまな社会資源の力を借りる**ことで、行き詰まりを解消できる可能性があります。

また、「気になる子」とその保護者が、この先の長い人生を地域でよりよく過ごしていけるように、保育者や園だけではなく、**その子と保護者の理解者やかかわる人を増やしていく**ことも大切です。もちろん保護者のペースに合わせることが原則ですが、子どもと保護者を取り巻く人や機関の輪を広げていく意識ももっておきましょう。

そのためには、保育者（特に管理職）がどのような人や機関を活用できるかについて知っておく必要があります。実際の社会資源は地域によって異なりますので、本書では制度上の一般的な名称などを用いて説明します。実際には、園の周辺にある機関等を具体的に調べてみてください。

子どもと保護者に
かかわる人と
つながり合う

PROCESS 2 では保護者が療育等を利用する場合があったり、PROCESS 3 では専門機関への受診や相談を始めたり、PROCESS 4 では保護者自らがさらにさまざまな社会資源とつながっていったりする姿が見られます。それぞれの段階で、子どもや保護者がつながった社会資源と園が積極的に手を取り合い、連携・協働していくことが求められています。

　連携や協働の大切さは、近年よくいわれているところですが、実際には誰とどのように連携すればよいかわからないことも多いでしょう。連携・協働の第一歩はお互いを知ることです。**それぞれの機関の役割や専門職の専門性の違いを知ることから始めましょう。**その意味でも、本章の❷以降を基礎資料として活用してください。

　また、お互いを知るために積極的に専門機関に連絡をとったり、かかわり合ったりする機会をつくりましょう。これは特に管理職の役割になります。忙しい中では連絡を取り合ったりすることが難しいと感じてしまったり、相手方の反応がわからずに一歩踏み出しにくかったりするかもしれませんが、うまくつながれば保育者や園をサポートしてくれる心強い存在になります。

地域にあるつながれる場を知る

子どもの発達や障害の可能性に関して相談できる場

子どもの発達や障害の可能性があるかどうかなどについて相談ができる場所は、意外とたくさんあります。特に近年では子育て支援の重要性を国が認識し、さまざまな取り組みを推進しています。実際の運用は各都道府県や市町村によって異なることがありますが、以下ではいくつか主要なものを紹介します。管理職を中心に地域の社会資源を整理する際の参考にしてください。

主な機関
・子育て世代包括支援センター／こども家庭センター
・保健センター
・市町村役場の子育て関係の担当部署
・市町村役場の障害福祉関係の担当部署
・児童相談所
・障害児相談支援事業所
・医療機関
・発達障害者支援センター
・児童発達支援センター　　など

■子育て世代包括支援センター／こども家庭センター

　各自治体では、子育て世代を妊娠期から切れ目なく支援する「子育て世代包括支援センター」の設置が進められてきました。2024年4月からは児童福祉法の改正により「こども家庭センター」に移行し、母子保健・児童福祉の両機能の連携・協働をより深め、切れ目なく、漏れなくすべての妊産婦・子育て世帯・子どもの包括的な相談支援等を行うセンターの設置が自治体の努力義務とされました。

　実際の運用は各自治体によって異なりますが、センター内に子どもの遊び場などを設置し、日常的に子どもを連れて遊びに行きやすい場として環境を整えているところもあります。そこでは、子育てに関する悩み全般に対応しており、園からの相談にも対応してもらえることが多いです。**保護者や保育者が最初に相談する際には、まずここを利用するとよいでしょう。**

■保健センター

　上記のこども家庭センターの中に保健センターが含まれていたり、もともと保健センターだったものがこども家庭センターと名称が変わっていたりする場合もあります。基本的には、保健センターが乳幼児健診の実施場所になるため、乳幼児健診で行ったことがあるという保護者も多いでしょう。

　「健診で親身に相談に乗ってもらった」など保健センターによい印象を抱いている保護者には、こちらに相談に行くようにすすめるとよいでしょう。ただ、**保護者によっては健診時に子どもの課題を指摘されたことで、不信感を抱いている場合もあります。**その場合、ほかの場所を勧めることも検討しましょう。

　また、**5歳児健診（4・5歳児健診）を実施している自治体もあります。**これは、1歳6か月児健診や3歳児健診では判断が難しい子どもの発達について相談する機会になります。この実施形態はさまざまですが、大きく分けると三つの形態があります。

❶　ある一定の月齢になったときに保護者に通知があり、保健センター等に保護者が子どもを連れていって健診を受ける。

❷　保健師等が各園を巡回し、集団の場面を見て健診を行う。

❸　定期的に健診日を設け、希望する場合は、その日に保護者が子どもを連れて行って健診を受ける。

　❶や❸の場合には、保護者が直接健診担当者に相談することができます。❷の場合は、園児全員を対象として、園に担当者が訪問して様子を見てもらえるため、保護者の理解の状況にかかわらず、園からの相談がしやすくなります。また、❷の訪問時に、保護者が相談できる時間を設けている場合もあります。

■市町村役場の子育て関係の担当部署

自治体の子育て関係の担当部署は、上記のこども家庭センターの中に含まれている場合もありますが、別の部署や場所として置かれている場合もあります。在園児の居住地にある役所のどの部署が子育てにかかわる部署なのか把握しておくとよいでしょう。

■市町村役場の障害福祉関係の担当部署

児童発達支援事業等を利用する場合には、「障害児通所受給者証」が必要になります。発行する窓口は各市町村に設けられていますが、上記の子育て関係の部署と同様である場合と、障害福祉関係の部署にある場合とが考えられます。自治体名と「障害児通所受給者証」等のキーワードでインターネット検索すると、担当窓口等がわかります。

■児童相談所

児童相談所は各都道府県に最低1か所は設置されています。最近は児童虐待の対応を強化するために複数設置することも増えてきているため、地域によっては身近な場所に存在することもあるでしょう。児童相談所は児童虐待対応の機関という印象が強いですが、療育手帳の発行など障害に関する相談の窓口でもあります。子どもに関する相談全般を受け入れる場所ですので、こちらも相談できる場の一つになるでしょう。

■障害児相談支援事業所

障害児や障害者に関する相談場所として「相談支援事業所」があります。基本的には、「障害」という診断がなくても、発達に心配がある段階から相談にのってもらえます。また、「療育」に通わせたいけど、「どのような場があるのか」「どれくらいの頻度で利用できるか」「どのような手続きが必要か」なども含めて、療育等を利用するための計画を立ててくれます。地域によっては数多くの療育施設があり、どこを利用したらよいかわからないこともありますので、そういったとき

にも相談先として利用できるでしょう。

■医療機関

　障害の医学的診断がほしい場合や、投薬などが必要な場合には、医療機関に相談に行くことになります。主には、児童精神科になりますが、発達障害を診られる医師がいる小児科もあります。自治体によっては、ホームページ等で子どもの発達障害の診断が可能な医療機関等の情報を一覧にして掲載していることもありますので、そうした情報を活用しましょう。

■発達障害者支援センター

　都道府県や政令指定都市には必ず一つ発達障害者支援センターが設置されています。ここでも発達障害と診断されていない段階から相談にのってもらえます。本人や家族のみではなく、園から問い合わせても相談ができます。センターによっては直接園に出向いて子どもの様子を見たうえで助言をするような活動を行っているところもあります。支援者向けや保護者向けの研修などを開催しているところもありますので、必要に応じて活用しましょう。

■児童発達支援センター

　次の「「療育」を受けられる場」として詳しく紹介しますが、児童発達支援センターも地域の相談機関としての役割が期待されています。こちらも、障害の診断等を受けていなくても、発達全般に関する相談をすることができます。

　児童発達支援センターには、医師や理学療法士、作業療法士、言語聴覚士、保育士、看護師、栄養士といった多様な専門職がいるため、より専門的な相談をすることができます。

　園からの相談にも応じてくれるところが多いので、園の中でどのような支援をすればよいか悩んだときにも相談してみるとよいでしょう。

「療育」を受けられる場

障害児の発達支援を受けられる場所としては、通所型と入所型のものがあります。園に通っている子どもは、通所型を利用することが多いので、以下では通所型のみ紹介します。

これらの施設を利用する際には原則「障害児通所受給者証」が必要で、自治体の窓口に申請することで取得できます。発達に支援が必要ということを証明する書類の提出が必要ですが、**必ずしも障害の確定診断は必要としないことも多くなっており、保護者が気軽に申請しやすくなっているといえます。**各自の必要性に応じて上限の利用時間数などが定められ、それに応じて下記の児童発達支援等を本人もしくは保護者が申請して、利用する形になります。また、受給者証がない場合でも、全額自費負担であればサービスを受けられる場合もあります。

なお、これらの施設は家族等への相談支援も役割の一つとしているため、**相談の場としても利用することができます。**

> **主な機関**
> ・児童発達支援センター
> ・児童発達支援事業所
> ・放課後等デイサービス事業所
> ・保育所等訪問支援事業

■児童発達支援センター

地域の発達支援を支える中核的な機関として、児童発達支援センターが位置づけられています。これまでは「医療型」「福祉型」などの形態がありましたが、2024年度から両者が一元化され、障害種別にかかわらず身近な場で支援が受けられるようになっています。

児童発達支援センターは、地域に古くからある障害児の通園施設が、法律や制度の変更に伴って名称を変えながら実施しているところも多く、長年保育者をし

ている方にとっては、障害のある子どもが通う幼稚園のような認識をもっている
かもしれません。しかし、インクルーシブ社会の推進に向け、児童発達支援セン
ターには、センターに通わせて療育を行う役割以上に、**障害のある子どもが地域
で障害のない子どもとともに生活できるように、地域をサポートする役割**が重視
され始めています。

　児童発達支援センターには、保育士以外にも、医師、理学療法士、作業療法士、
言語聴覚士、看護師、心理士、栄養士など、多様な専門職がいることがあります。
そのため、保育者以外の専門的視点から子どものアセスメントや支援を考えたい
ときに相談する場としても活用することができます。また、そうした専門職によ
る訓練や療育などを受けることができる場合もあります。

　通園形態はさまざまで、親子で一緒に通う形をとっている施設もあれば、子ど
もだけで通う単独通園型もあります。通園時間もさまざまで、朝からお昼過ぎま
でと設定されている園もあれば、午前中だけ、午後だけなど、曜日や時間ごとに
複数のクラスを設けているところもあります。通園頻度も、毎日通うことを基本
としているところだけでなく、地域の園との並行通園を意識し、子どもの状況に
合わせて週数回の通園を基本としているところもあります。それ以外にも、外来
のリハビリや診療機能をもっていることが多く、月に1、2回リハビリを受ける
ために通ったり、医師の診察を受けるために定期的に通ったりすることもあるで
しょう。

■児童発達支援事業所

　就学前の子どもを対象にした療育施設です。実施主体、実施方法、内容などは
多様であり、地域によっては身近に複数あるため選択肢は多いものの、保育者や
保護者にとってはどこがどのように違うのかわかりにくいということもあります。

　例えば、1回3時間以上の通園形態をとっている施設もありますが、1時間程度
の短時間の療育実施を中心にしている施設もあります。マンツーマンでの個別療
育もあれば、集団での療育もあります。内容についても、基盤とする理論や考え
方がさまざまで、例えば行動療法、感覚統合、運動療法、コミュニケーション支

援などがあります。ただ、2024年7月に児童発達支援ガイドラインが改訂され、「健康・生活」「運動・感覚」「認知・行動」「言語・コミュニケーション」「人間関係・社会性」の5領域の視点を網羅したオーダーメイドの支援が行われることが重要とされたため、何か一つの分野に特化した形での療育は減っていく可能性があります。また、時間数によって報酬単価が変わる方式に改定されたことで、短時間の療育などが減り、3時間程度の長時間かつ小集団での療育が増えている傾向が見られます。

　送迎を行っている事業所が多いため、園に通っている子どもの場合には、児童発達支援事業所の職員が園に送ったり、お迎えにきたりという形で利用していることも多いでしょう。

■放課後等デイサービス事業所

　就学後の子どもを対象に、放課後や長期休業期間に療育を提供する施設です。児童発達支援事業所と同じく実際の内容や時間等はさまざまですが、就学後の子どもを対象としているため、基本は平日の放課後や学校の長期休業期間等に療育を受けたり、放課後の居場所として活用したりすることになります。こちらも送迎サービスがあるため、学校に利用児童を迎えに行く形をとっている場合も多いです。

■保育所等訪問支援事業

　子どもが療育の場に行って訓練等を受けるのではなく、子どもが日常的に生活をしている園や学校等に児童発達支援センターや児童発達支援事業所等の職員（保育所等訪問支援事業の担当職員）が来訪し、そこでの子どもの様子を見て、園の環境等の整備や、子どもへのかかわり方に関する助言を行う事業になります。

　こちらもほかの事業と同様に、「障害児通所受給者証」を取得して本人または保護者が申請する形で利用することになります。例えば、児童発達支援事業所等を日常的に利用している子どもの保護者が、**「園での子どもの姿を知りたい」「園に何らかの専門的な助言をしてほしい」**ということから利用することがあります。

　保育所等訪問支援事業に近い支援として、自治体によっては、障害のある子どもへの巡回相談等があります。巡回相談は保育所等訪問支援とは異なり、園が申請したり、保育者の加配制度の対象としている子どもに対して年に一回など決まった回数で行っていたりします。つまり、**巡回相談の場合には、本人や保護者の申請や同意を必要としない場合があり、園や保育者のニーズによって利用できる場合があるといえます。**

保護者同士のつながりの場

PROCESS 4 では、保護者の孤立を防ぐために似たような経験をもつ保護者とつなぐことが必要でした。ここでは、その具体例として三つご紹介します。これらも地域によって実際の取り組みなどは異なりますので、園のある地域でどのような活動があるか調べるときの参考にしてください。

> **主なつながりの場**
> ・親の会
> ・ペアレント・メンター
> ・保護者向けプログラム
> 　（ペアレント・トレーニング、ペアレント・プログラムなど）

■親の会

同じ障害のある子どもの保護者同士が情報交換をしたり、障害に関する情報が得られる学習会を開催したり、必要な支援等を自治体等に訴えていったりと、同じ立場の者同士が集まって組織的な活動をしているものが「親の会」です。全国展開の親の会もあれば、各地域に根差す形で活動している親の会もあります。

地域に根差したものであれば、**その地域にある社会資源についての情報が集まっていることもあり、実際に地域にある療育などを利用したことのある保護者から実体験なども聞くことができます。**また、さまざまな年代の子どもをもつ保護者が集まっていることもあり、**就学後や成人後などの子どもとのかかわりや子どもの育ちの見通しをもつことができる**可能性もあります。

■ペアレント・メンター

障害のある子ども等の保護者が一定の研修を受けることで、同じような立場にある保護者の相談にのったり支援したりするペアレント・メンターとして活動していることがあります。似たような経験をもつ「先輩保護者」というだけではな

く、傾聴スキルなど相談に応じるための専門知識や技術に関する研修を受けることなどが条件となっているため、より難しい問題についても共感的に話を聞いてもらえる可能性があります。また、地域に根差して活動していることが多いため、地域の資源についての情報や実際の子どもの育ちの見通しなどについても情報提供してもらえる場合があります。

■保護者向けプログラム
（ペアレント・トレーニング、ペアレント・プログラムなど）

　発達障害等による育てにくさをもつ子どもの保護者が、自身の子どもへのかかわり方や自分自身の気持ちとの向き合い方を学ぶことができるプログラムがあります。特に、ペアレント・トレーニング（通称ペアトレ）やペアレント・プログラム（通称ペアプロ）は、ファシリテーターのもとで、保護者数名でグループになり、話し合ったりワークをしたりする中で学びを進めていきます。そのため、同様の悩みをもつ保護者と知り合ったり、共感し合ったりする場ともなっています。

3 子どもと保護者を取り巻く人や機関と効果的につながるためのツール

個別の支援計画・個別の指導計画とは

PROCESS 4における保育者のかかわりとして、個別の支援計画・個別の指導計画の作成を挙げています。保育においては、3歳未満児は個別に指導計画を作成していることが多いですが、3歳以上児になるとクラスとしての計画に変わっていきます。しかし、**気になる子どもや障害のある子どもは、発達のプロセス等がほかの同年齢の子どもとは異なることも多く、集団としての計画だけでは十分といえません。**そこで、個別の支援計画・個別の指導計画の作成が求められています。

個別の支援計画は、子どもの切れ目のない支援を意識して、複数の情報を整理したうえで少し先のねらいを確認するためのもの、個別の指導計画は、今の子どもにその園の中でどのような支援を行うかをより具体的に整理したものといえます。

いずれの計画作成時にも、本人や保護者の意見を聞き、ともに作成することが重要です。とはいえ、本人や保護者の状況によっては意見を聞くのが難しい場合もあります。そうした場合には、まずは保育者が情報を整理し、その子どもへの支援のあり方を検討するためのものとして活用するとよいでしょう。

個別の支援計画を作成し、活用する

PROCESS 4 で示したように、個別の支援計画は、子どもが現在かかわっている関係機関における情報を集約し、整理するものでもあります。理想は、子どもや保護者、それにかかわる関係機関の関係者（園の職員も含めて）が、一同に会し、その子どもの支援計画をともに協議する場をもつことです。しかし、実際には協議するまでに至っていない場合もあり、各機関で別々に支援計画や指導計画が立てられ、支援がバラバラに実施されていることも多いでしょう。

保育者は少なくとも、**各機関で立てられているそれぞれの計画を確認した上で、園では何を大事に支援していくかを考えていきましょう。**各機関での支援に関する情報を集め、園の個別の支援計画に整理していきます。

各機関で立てられている計画は、保護者が複写を受け取っている場合も多いです。まずは保護者に計画の共有を依頼してみましょう。もしくは、保護者に各機関に問い合わせる許可を得てから、保育者から関係機関に情報提供を依頼することもできます。

個別の指導計画を作成し、活用する

個別の指導計画は、園の中でその子に対してどのような支援を行うかを検討・整理するためのものです。各関係機関での支援もふまえ、園の役割や園という場の独自性を意識した上で具体的な指導計画を作成していきます。1か月ごとや、1年を4期に分けて3か月ごと、または1学期・2学期・3学期のような学期ごとに立てていきましょう。

また、園という場は、障害のある子どものみが通う場ではありません。多様な子どもたちがいる集団における子ども同士のかかわりの中に、その子の育ちもあります。そのため、園やクラスの指導計画と切り離さず、それらとも関連する形で、その子の個別の指導計画も考えていきましょう。

なお、第2章ではPROCESS 4以降で保護者とともに個別の指導計画を作成していくことを想定していますが、「子どものニーズに合わせた配慮」を行っていくためにもこの計画を活用することができます。PROCESS 1〜3においても、正式な書類としてではなく、保育者が子どもの支援を検討し、整理しながら支援を行うためのツールとして活用していくとよいでしょう。

個別の移行支援計画やサポートブックなどを活用する

進級や進学などに伴って子どもの担当者や生活の場が変わるときには、個別の指導計画とは別に「個別の移行支援計画」を立てることがあります。また、ライフステージによって支援が途切れることがないように「サポートブック」などによって、子どもの特徴やこれまでの支援の経緯、具体的に有効であった支援方法などを一冊にまとめ、次の場の担当者等に引き継ぐこともできます。サポートブックなどはさまざまな様式があり、インターネット上に公開されているものもあるため、それらを参考にしてみましょう。

サポートブックについては、保護者が作成したり管理したりできるように、作成方法や活用方法を教える取り組みをしている自治体もあります。子どもの個人情報にかかわるものでもあり、子どものその後の人生において長い期間さまざまな場所で活用できるツールになるため、乳幼児期や学童期に子どもの一番身近にいる保護者が作成主体になることの意義は大きいといえます。

ただ、保護者によっては作成が難しい場合もあるため、保育者は適宜これらの様式も参考にしながら、これまで作成・実施した個別の支援計画や個別の指導計画の内容を整理し、次の場に情報をつないでいくように心がけましょう。

4 就学に向けて縦につなぐ

就学の仕組み

園から就学に向けて支援していくときに、保護者支援の難しさを痛感する保育者も多いと思います。その要因の一つに、就学先が複数に分かれていることがあります。

就学先として、地域の小学校と特別支援学校という大きく二つの選択肢があります。また、地域の小学校の中にも、通常の学級に在籍する、通常の学級に在籍しながら通級指導教室を利用する、特別支援学級に在籍するという三つの選択肢があります。就学にあたっては、これらのどれかを選ぶことが保護者に求められます。さらに、各学校や学級での学習内容・支援の仕方などは自治体によっても異なることがあるため、実際にはそれぞれの場を見学したり体験したりした上で選んでいく必要があります。

ただ、原則的には子どもがどの場所にいても、一人ひとりの教育的ニーズに沿った支援を行うものとされているため、**特別支援学校等に行かなければ支援を受けられないわけではありません。その子にどのようなニーズがあり、どのような支援があることでよりよく学ぶことができるかを検討することが重要です。**また、就学先の決定においては、本人及び保護者の意向を尊重することとされているため、その原則にのっとって就学への支援を考える必要があります。

■地域の小学校：通常の学級／通常の学級＋通級指導教室

地域の小学校の通常の学級に在籍した場合にも、必要に応じて支援を受けることは可能です。例えば、特別支援教育支援員という制度があり、通常の学級の中で学習指導要領に定められた学習を行いつつ、支援員に個別に声をかけてもらうなどの支援を受けることが考えられます。

また、通常の学級に在籍しながら、通級指導教室（通級）を利用することもできます。通級では、単なる授業の補習ではなく、その子の特性に合わせて学ぶために必要な基礎スキルなどの習得を目指した指導を受けることができます。所属する学校に通級がある場合、通常の時間割の中で一定の時間クラスを抜けて通級

に行き、その子に合った特別の指導を受けることができます。所属する学校に通級がない場合には、近隣他校にある通級を放課後に利用することができます。

■地域の小学校：特別支援学級

　地域の小学校の中には、特別支援学級があります。特別支援学級の学級定員は1学級8名となっているため、通常の学級よりも少ない人数で学習することができます。学習内容は、通常の学級の学習指導要領を基準にしながらも、一人ひとりの状態に応じて変更することができるため、その子に合わせた学習がしやすいといえます。特別支援学級に在籍していても、共同及び交流学習として、通常の学級においていくつかの授業を一緒に受けるなど、子どもの状態に合わせて、通常学級に在籍する子どもとともに学ぶ機会もあります。

■特別支援学校

特別支援学校は、小・中学部の場合は1学級6名（重度重複障害児の場合は1学級3名）となっており、人員配置の点では最も手厚い支援が受けられます。また、学習内容についても、学習指導要領に「準ずる」教育とされており、一人ひとりに合わせて柔軟にカリキュラムを組むことができます。

ただ、多くの場合自宅から徒歩圏内にあることは少なく、通学バス等を利用して通うことになります。共同及び交流学習として、障害のない子どもとの交流の機会なども設けられてはいますが、その頻度は少ないといえます。

就学に向けた支援においては、保育者も保護者も、どの学校や学級に在籍するかに意識を向けがちです。確かに現在の日本においては、どの学校・学級に在籍するかによって得られる支援が大きく異なっています。一方で、特別支援学校の場合には、園の友だちや住んでいる地域からは離れたところに行くことが多いです。そうなると、子どもが大人になったときに、地域とのつながりをもって生活できるだろうか……という不安も保護者には生じてきます。本来はそうした葛藤が生じなくて済むように、学校教育のあり方も考えていきたいところですが、現実的に就学が迫る中では、今の状況で選べる中からよりよい選択をすることになるでしょう。

それぞれの保護者や子どもが何を大事に考えるかで、選択の方向が変わっていきます。保育者は保護者のもつ複雑な思いや葛藤を理解し、寄り添いながらともに悩む一人となりましょう。

保護者のペースに合わせた就学支援のポイント

保育者は、これまで園の中で子どもとかかわってきた経験や、学校に子どもたちを送り出してきた経験から、この子にはこの就学先がよいのでは……と頭に浮かぶことも多いでしょう。一方、**保護者にとっては、多くの場合こうした選択を迫られるのは初めてのことです。**保護者と保育者の立場や認識の違いがあるままで、保育者がよかれと思う方向に支援をしようとすると、保護者と対立してしまうことになりかねません。

そのため、ここでも「保護者の立場に立って考える」「保護者のペースに合わせる」が支援のポイントとなります。保育者として、この子はこちらの場がよいのではないかという意見があっても、選択するのは子ども本人と保護者です。どの学校に行くにしても、園で行ってきた支援を次の場に丁寧に引き継ぐことを基本とし、最終的に本人と保護者が決断できるよう見守っていきましょう。

■PROCESS 1の保護者への就学支援

PROCESS 1の保護者は子どものニーズそのものを認識していないため、「特別支援学級」などの言葉を出して就学に向けた話をすることは避けましょう。保護者の認識を促すことよりも、**これまで園で行ってきたことから子どものニーズやそれに応じた支援などを整理し、それを学校に引き継ぐこと**を中心に考えていきます。保幼小接続はどの子どもにとっても重要なものです。小学校教師が自校に入学する予定の子どもを園に見に行ったり、園の子どもたちが学校体験できる機会を設けていたりします。そういった機会を活用し、園での子どもの様子などを小学校側に直接引き継いでいきましょう。

■PROCESS 2の保護者への就学支援

PROCESS 2 では、保護者から就学に向けての不安などが聞かれることがあります。保護者の不安に合わせた形で誠実に情報提供をし、入学前に保護者が直接学校に相談することや、園でのこれまでの様子を園から学校に説明することも可能であると伝えましょう。希望があった場合には、園での支援の経緯やポイントをまとめた資料を作り、保護者から学校に渡してもらうなど、学校との連携の具体的な方法を保護者や学校とともに相談していきます。

■PROCESS 3以降の保護者への就学支援

PROCESS 3 以降の保護者はある程度子どもの状態を把握した上で、学校選択に大きな葛藤を抱くことになります。「今まで一緒に過ごしていた園の友だちと同じ学校に行かせたい」「より少人数で丁寧に見てくれる特別支援学校に行かせたい」など、保護者によってもその願いは異なります。

また、学校に行くのは子ども自身なので、子どもがどう感じているかも重要です。その先の具体的な生活まで子どもがイメージするのは難しいですが、子どもの意見も聞くことができるよう、**実際に学校に見学に行ったり、学校生活を体験できたりする機会を積極的に活用し、子どもも保護者もそれぞれの学校の違いを見て体験したうえで、考える機会が得られるようにしましょう。**

この過程の中での保護者の葛藤は大きいため、保育者はその都度葛藤する保護者に寄り添い、一緒に悩んでいく伴走者になることを意識します。ここでも、最終的に決めるのは本人と保護者です。保育者の思いや考えを話せる関係が築けている場合には、アイメッセージで保育者自身の考えを伝えますが、最後には、本人と保護者がある程度納得して決められるようにサポートしましょう。

また、本人と保護者の意向が最大限考慮されるようにはなっていますが、最終的な就学先の決定は教育委員会が行います。そのため、保護者の思いが叶わないケースや、学校と保護者の考えのずれが生じるケースもあります。担任保育者は保護者の立場に立つことを優先し、必要に応じて管理職が保護者と学校の間に立つなど、役割を分けながら保護者のサポートを行いましょう。

コラム　「療育」増加による課題

●「児童発達支援」の創設により身近な場所で療育を受けられるようになった

　児童発達支援や放課後等デイサービスは、2012年の児童福祉法改正によって、新たに創設された制度です。それ以前は、障害のある子どもが利用できる「療育」は数が限られており、利用したくてもできない子どもがいました。また、利用するためには障害の診断や療育手帳などが必要で、発達障害の可能性がある子どもなどは乳幼児期に障害の確定診断がつきにくいため、早期から支援を受けることができず、行き場がない子どもがいることも問題でした。

　児童発達支援や放課後等デイサービスは、提供した場合に得られる報酬の単価が比較的高かったこともあり、営利企業も含め多くの事業者が参入し、その数が急増しました。加えて、サービスの利用に必要な「障害児通所受給者証」が医師の確定診断がなくても取得できることなどから、多くの保護者が以前よりも気軽に利用することができるようになったといえます。

　これによって、一人ひとりの子どもに合わせた早期からの療育を多くの子どもが受けられるようになり、発達支援が充実したというポジティブな変化があります。

●多様な子どもがかかわりあって育つ機会は保障されているのか

　一方、保育園や幼稚園に通う子どもの多くが療育を並行して利用する状況が生じています。送迎サービスを実施している施設も多いことから、園から直接療育に通う子どももおり、例えば毎日午後から園を抜けて療育に行く子どももいます。一概にそれが子どもに悪い影響を与えているとは思いませんが、子どもによっては生活の場が複数あることに混乱することがあったり、本来得られるはずの多様な子どもとのかかわりのなかで育つ機会が奪われてしまっていたりするケースもあります。

　保育現場はもともと、一人ひとりの子どもに合わせて保育や教育を行う場です。障害がある子ども、障害があるかもしれない子どもであっても、その一人ひとりを理解し、それに合わせて保育や教育をすることはできるのではないでしょうか。「療育」のよさはよさとしつつも、園で行えること、園でしかできない経験があること、園で子どもが豊かに育つことができること、保育者がそうしたことに自信をもち、障害のあるなしではなく、どんな子どももともに育つ機会を保障していけることを願っています。

おわりに

　本書は、気になる子の保護者支援に悩む保育者の一助となることを願って作成したものです。筆者が気になる子の保護者支援に悩んでいた15年ほど前に比べると、「発達障害」という言葉は世間一般に広まり、気になる子と保護者を取り巻く環境も大きく変わりました。しかし、今でもまだ多くの保育者から「保護者がどうやったら気がついてくれるのでしょうか？」「認めてくれない保護者に、どうやって伝えていけばよいのでしょうか？」との悩みを聞きます。むしろ、それらの悩みを喚起させる気になる子の年齢は早期化し、その数も増えているように感じています。

　子どもの育つ環境や、子育てを取り巻く環境が変わる中で、確かに子どもの育ちが気にかかることは増えました。また、保護者自身の価値観や考え方もより多様化しているように感じます。しかし、保育者として大事にすべきことは、子ども一人ひとりをありのままに受け止め、その子がその子らしく育っていくことを支えることであり、それはどの時代でも変わらないことではないでしょうか。

　保育所保育指針の「保育の目標」には、「保育所の保育は、子どもが現在を最も良く生き、望ましい未来をつくり出す力の基礎を培うため」という文言があります。子どもが「現在」を最も良く生きることと、望ましい「未来」をつくり出すための基礎を培うことは、どちらも大事なことです。そのためには、子どもを取り巻く大人たちが、悩んだり迷ったりしながらも、「現在」を最も良く生き、「未来」をつくり出そうとしている姿を見せることが必要なのではないでしょうか。「早く」結果を出すことや、「目に見える」成果を出すことに大人が追われてしまいがちですが、その子がその子らしく現在を生きていること、それがその子の未来の力になっていくことを信じて、子どもと保護者、そして保育者にもかかわり続けていきたいと思います。

　とはいえ、本書で書いたことがどこまで現場で実践可能なのか、また保護者も子どもも保育者も多様な中で、ある一定の法則性というものがどこまであてはまるのかという点は、筆者自身も課題に感じています。本書が絶対の「正解」とい

うことではなく、本書をきっかけに筆者自身も読者のみなさんと対話し、「子ども
も保護者も保育者も、みんながよりよく生きられる」社会を目指して尽力してい
きたいと思っています。

　本書の読者は保育者を想定していますが、さまざまな立場の方が読んでくだ
さっているかもしれません。立場が違えば見え方が異なると思いますので、ぜひ
さまざまな視点でのご意見をいただき、気になる子の保護者支援についてともに
考えていきたいです。

　最後になりましたが、本書の発刊にあたりお力添えいただきましたみなさんに
心より感謝申し上げます。

　本書のもとになった研究にご協力くださった多くの方々、研修等でお会いして
切実な悩みを打ち明けてくださった現場の先生方、新しい視点から気づきをくれ
る学生たちのおかげで本書が成り立っています。また研究に関してご指導ご助言
いただいた恩師を含め多くのみなさまに深謝いたします。

　そして、現場の保育者にとって読みやすく、すぐに役立てられるものとなるよ
う導いてくださった編集担当の矢﨑淳美さん、誰が見てもイメージがしやすいよ
うたくさんの漫画やイラストを描いてくださったイラストレーターの坂木浩子さ
ん、お二人のおかげで本書を無事に世に送り出すことができました。ありがとう
ございました。

　最後に、毎日の生活の中で、一人ひとりが違っていることのおもしろさと難し
さを、筆者に気づかせてくれる家族にも感謝いたします。

木曽陽子

著者紹介

木曽陽子 （きそ・ようこ）

　大阪公立大学現代システム科学域教育福祉学類、大阪公立大学大学院現代システム科学研究科現代システム科学専攻准教授。博士（社会福祉学）。保育士、社会福祉士、特別支援教育士スーパーバイザー。

　研究分野は保育学、社会福祉学、特別支援教育。主な研究テーマは保育者や保護者への支援のあり方、障害のある子どもなど多様な子どもを含む保育など。

　大阪府立大学大学院人間社会学研究科社会福祉学専攻博士後期課程修了。大学院進学後には、民間保育園の非常勤保育士や、障害のある子どもが通う療育施設でグループ療育や自閉症児自立支援教室等の非常勤スタッフとして勤務しながら研究を行う。その後、関西国際大学講師、大阪府立大学准教授を経て、2022年より現職。

　主な著書に『発達障害の可能性がある子どもの保護者支援 保育士による気づきからの支援』（晃洋書房、2016）、『保育所等の子ども家庭支援の実態と展望 困難家庭を支えるための組織的アプローチの提案』（中央法規出版、2021（共著））、『発達障害のある子へのやさしい「個別の保育・指導計画」作成ガイド』（明治図書出版、2024（共著））など。

気になる子の保護者支援
揺れ動く思いに応じた保育者のかかわり

2024年9月1日 発行

著　者　木曽陽子

発行者　荘村明彦

発行所　中央法規出版株式会社

〒110-0016
東京都台東区台東3-29-1中央法規ビル
TEL 03-6387-3196
https://www.chuohoki.co.jp/

印刷・製本　　TOPPANクロレ株式会社
ブックデザイン　mg-okada
イラスト　　坂木浩子

定価はカバーに表示してあります。
ISBN978-4-8243-0118-5

本書の内容に関するご質問については、下記URLから「お問い合わせフォーム」にご入力いただきますようお願いいたします。
https://www.chuohoki.co.jp/contact/

A118